我国沿海港口对城市经济贡献研究

殷翔宇　著

中国商务出版社
·北京·

图书在版编目（CIP）数据

我国沿海港口对城市经济贡献研究 / 殷翔宇著. —
北京：中国商务出版社, 2023.7

ISBN 978-7-5103-4681-1

Ⅰ. ①我… Ⅱ. ①殷… Ⅲ. ①港湾城市—经济发展—
研究—中国 Ⅳ. ①F299.2

中国国家版本馆CIP数据核字(2023)第101315号

我国沿海港口对城市经济贡献研究

WOGUO YANHAI GANGKOU DUI CHENGSHI JINGJI GONGXIAN YANJIU

殷翔宇　著

出　　版：中国商务出版社
地　　址：北京市东城区安外东后巷28号　　邮　编：100710
责任部门：商务事业部（010-64269744　bjys@cctpress.com）
责任编辑：郭舒怡
直销客服：010-64266119
总 发 行：中国商务出版社发行部（010-64208388　64515150）
网购零售：中国商务出版社淘宝店（010-64286917）
网　　址：http://www.cctpress.com
网　　店：https://shop595663922.taobao.com
排　　版：廊坊展博印刷设计有限公司
印　　刷：廊坊市蓝海德彩印有限公司
开　　本：710毫米×1000毫米　1/16
印　　张：12.25　　字　数：180千字
版　　次：2023年7月第1版　　印　次：2023年7月第1次印刷
书　　号：ISBN 978-7-5103-4681-1
定　　价：58.00元

凡所购本版图书如有印装质量问题，请与本社印制部联系（电话：010-64248236）

前言

从党的十九大报告提出“我国经济已由高速增长阶段转向高质量发展阶段”，到党的二十大报告提出“高质量发展是全面建设社会主义现代化国家的首要任务”，高质量发展已扩展成为经济社会方方面面的总要求。近年来，随着我国沿海港口与港口城市经济增速的逐步放缓、沿海港口与港口城市转型升级步伐的不断加快，以及港口资源整合和港区功能调整的快速推进，我国沿海港口与港口城市均已经步入了新的高质量发展阶段。传统港口发展的“唯吞吐量论”已经很难真实反映我国沿海港口综合经济运行情况，以及港口经济活动对城市经济的贡献情况，还对我国沿海港口与所在城市关系的持续健康发展产生极大的负面影响。因此，客观分析和评价我国沿海港口与港口城市的港城关系、沿海港口对港口城市经济增长的作用，以及沿海港口对城市经济的贡献，并提出促进我国沿海港口对城市经济贡献提升的建议，对新时期指导我国沿海港口与港口城市的高质量发展均有十分重要的理论意义和现实研究价值。本书着重从以下五个方面探讨我国沿海港口对城市经济的贡献问题：

第一，构建我国沿海港口对城市经济贡献研究的主体框架。在综合国内外文献和理论研究的基础上，科学界定港口、港口经济和港口经济贡献的内涵及范围，分析我国沿海港口对城市经济贡献的机理，包括沿海港口与港口城市关系机理和沿海港口对城市经济贡献作用机理两个方面，为研究我国沿海港口对城市经济的贡献建立理论基础。

第二，我国沿海港口与港口城市关系实证分析。在分析我国沿海港口与港口城市发展现状及趋势的基础上，首先，构建我国沿海港口与港口城市关系评价指标体系，采用熵权法和协同度模型对我国沿海港口与港口城市关系进行测算和分析；其次，采用动态集中指数（DCI）模型将我国沿海港口与港口城市关系分为港口驱动型、城市驱动型和港城互驱型三种类型；最后，采用脉冲响应分析我国沿海港口与港口城市关系的驱动因素和驱动机制。

第三，我国沿海港口对城市经济增长作用实证分析。在分析和论证我国沿海港口与港口城市港城关系发展演变规律的基础上，首先，建立生产函数模型，并对模型进行扩展，将港城复合系统协同度指标引入生产函数模型；其次，建立面板数据模型，论证资本、劳动及港城协同发展对城市经济增长的重要作用；最后，综合分析我国沿海港口对城市经济增长的作用机制。

第四，我国沿海港口对港口城市经济贡献实证分析。首先，分别构建基于投入产出乘数模型和增加值模型的我国沿海港口经济贡献计算方法；其次，结合我国沿海港口发展和管理实际，选用增加值模型并进行优化；然后，对我国沿海港口经济活动范围及与国民经济行业分类的关系进行深入分析；最后，对我国沿海典型地区、典型港口经济贡献进行实证分析，为行业全面推广应用奠定基础。

第五，国内外主要沿海港口经济贡献对比分析及提升建议。对欧洲、美国和亚太地区主要沿海港口经济贡献的计算方法、发布频率和计算结果等进行实证分析，深入分析我国沿海主要港口经济贡献与国外产生较大差距的主要原因，并提出促进我国沿海港口对城市经济贡献提升的建议和政策启示。

在上述研究的基础上，本书提出了促进我国沿海港口对城市经济贡献提升的具体建议：一是，沿海港口城市要密切跟踪、准确研判港城关系所处发展阶段，因地（时）制宜地出台促进港城关系协调发展的政策措施，使港城关系始终处于螺旋式上升的发展轨道；二是，沿海港口城市要大力发展有地方特色和发展优势的产业，优化临港产业布局，提升临港产业规模和对城市经济发展的支撑水平；三是，沿海港口要主动适应城市经济、产业和运输结构调整的需要，从“运得了”向“运得好”转变，从单纯地提供装卸运输服务向提供一站式配套服务转变，有序拓展港口服务功能，延伸港口物流产业链，更好地服务港口所在城市高质量发展；四是，要因地制宜地加快推进区域港口资源整合，合理分工，实现 1+1≥2 的效果，不断提升港口整体经济效益以及对城市经济贡献的水平；五是，加快引导我国沿海港口由追求吞吐量向追求综合质量效益转变，将港口经济贡献纳入政府部门和行业对我国沿海港口发展的评价；六是，要尽快明确我国沿海港口经济贡献的计算方法，将港口增加值纳入国家法定统计体系，通过建立中国港口绩效观测站，实现对我国沿海港口经济贡献等关键指标的长期监测和分析，为政府部门出台促进我国沿海港口对城市经济贡献提升的相关举措提供决策参考。

港口经济贡献是一个历久弥新的研究课题，长期以来相关政府部门、港口企业和学术界都高度关注，尤其近几年随着港口资源整合的加剧和港城关系的加速演变，业界对港口经济贡献的研究和应用又提升到了新的高度。我所供职的单位交通运输部水运科学研究院长期跟踪和研究国内外主要沿海港口经济贡献问题，并定期和不定期对国内主要沿海港口经济贡献进行测算，积累了一定的研究成果。行业内部分专家学者也在理论研究和测算方法优化等方面进行了不少有益的研究和探索。我利用攻读博士学位的契机，在现有研究基础上系统研究和分析了港口经济贡献相关理论，并将研究逻辑放进“港城关系发展面临问题——港城关系历史演变及评价——港城协同对城市经济增长作用——港口对城市经济贡献实证和对标——促进我国沿海港口经济贡献提升”框架内，对我国沿海港口经济贡献相关问题展开了系统和相对深入的研究。

在研究过程中，我曾就相关问题向北京工业大学祝合良教授，首都经济贸易大学沈宏亮教授、张弘教授，中国社科院张自然教授，西南大学宗会明教授，北部湾大学王柏玲教授和上海海事大学姜超雁老师等业界专家请教，他们都提出了宝贵的意见和建议。我所供职单位的各位领导和同事们也给予了很大的支持，我所带领团队的同事们和大连海事大学实习生也在本书写作过程中协助我整理了大量的数据和资料，在这里，对他们以及其他对本书写作给予帮助的朋友们一并表示感谢。最后，想把本书献给我最爱的父母和家人们，是你们给予了我一次体验人生的机会，你们的陪伴永远是我人生成长道路上最大的勇气和支持。人生路漫漫，写作本书只是我人生工作和生活中的一个环节，但是你们给予我的勇气和支持将成为我一直坚强和自信走下去的强大力量。

由于作者水平有限和相关资料掌握的局限，可能有不完善之处和值得商榷的观点，敬请广大读者不吝提出宝贵意见。

作者

2023 年 3 月

CONTENTS 目录

INDEX 图索引

INDEX 表索引

第 1 章 引言

沿海港口是港口城市发展的宝贵核心资源，也是促进港口城市经济、产业和运输结构调整，服务港口城市经济社会高质量发展的有力抓手和重要支撑。沿海港口通过港口各项经济活动，以及与港口城市及产业的联动，带动城市经济的增长。本章首先介绍了研究背景及意义，其次介绍主要研究内容，再次通过绘制技术路线图概括本书的脉络，最后对研究方法与创新点进行说明。

1.1 研究背景及意义

1.1.1 研究背景

港口是指具有船舶进出、停泊、靠泊，旅客上下，货物装卸、驳运、储存等功能，具有相应的码头设施，由一定范围的水域和陆域组成的区域。联合国贸发会议（UNCTAD）先后于 1992 年和 1999 年在两份报告中公开发布对港口定义、功能划分和代际划分的研究成果，并根据港口发展阶段和特征首次将港口划分为四代，其中第一代港口主要是货物的装卸与仓储；第二代港口在此基础上增加了工业、商业活动，港口成为具有使货物增值的服务中心；第三代港口因国际经济、贸易、航运和物流发展的需求，使港口逐渐成为国际物流中心；第四代港口包含了前三代港口的功能，货物以集装箱为主，强调资源整合，通过同一运营商或同一管理机构连接在一起，建立地理上相互分离的港口网络。依据联合国贸发会议对港口的代际划分，从产业角度进行分析，可将港口业定义为产业集群，不仅局限于从事港口装卸，还包括与港口直接或间接相关的多种行业。

港口业是国民经济和社会发展的基础性、先导性产业和服务性行业。纵观历史上世界强国的发展历程，从大航海时期的葡萄牙、西班牙、荷兰和英国，到今天的美国、欧盟和日本，其实就是海洋强国、贸易强国、交通强国的发展历程。改革开放以来，我国港口发展取得了巨大成就，已经成为名副其实的世界港口大国。截至 2020 年末，全国港口和沿海港口拥有生产用码头泊位和万吨级及以上泊位数量均位列全球第一位。2020 年，全国港口货物和集装箱吞吐量分别完成 145.50 亿吨、2.64 亿标准箱（TEU），同比分别增长 4.3%和 1.2%，其中沿海港口货物和集装箱吞吐量分别完成 94.80 亿吨、2.34 亿标准箱，同比分别增长 3.2%和 1.5%，货物和集装箱吞吐量均位列全球第一位。宁波舟山港的港口货物吞吐量和上海港的集装箱吞吐量连续多年位居世界第一位。港口作为综合交通运输体系的重要枢纽和对外贸易的重要窗口，对我国国民经济和对外贸易的发展发挥了十分重要的支撑和保障作用。

长期以来，我国沿海港口处于快速发展的阶段，港口经济效益随着吞吐量的增长而快速增长，港口吞吐量成为衡量港口发展和不少地方政府追求的唯一指标。当前，面对全球经济复苏乏力、贸易保护主义抬头、局部冲突和动荡频发带来的不确定性等外部环境，以及我国经济发展进入新常态等一系列深刻变化，支撑我国沿海港口快速增长的要素条件和外部环境发生变化。我国沿海港口增速由高速增长进入平稳增长阶段，港口吞吐量的增长已很难带来经济效益的增长，更加难以真实准确地反映港口综合经济运行以及对城市经济的贡献情况。与此同时，随着港口资源整合和港区功能调整的快速推进，港口所在城市经济、产业及运输结构调整的不断加快以及人民群众对安全环保、亲水休闲娱乐等要求的不断提高，我国沿海港口与所在城市之间的关系进入新阶段，部分地区甚至开始出现港城关系矛盾加剧、城市对港口发展支持力度减弱、港口对城市经济贡献水平下降等现象。因此，面对新的发展形势和要求，需要重新深入思考和评估我国沿海港口与所在城市经济发展的关系，客观分析和评价我国沿海港口对所在城市经济增长的重要作用，并通过对国内典型地区、典型港口经济贡献的实证分析和国内外对标，提出促进我国沿海港口对城市经济贡献水平提升的建议，服务和支撑我国沿海港口和港口城市的高质量发展。

1.1.2 研究意义

本书是站在当前我国沿海港口与港口城市所处的新发展阶段，针对当前我国沿海港口与港口城市发展面临的现实问题和困难，展开的具有一定行业应用性的理论兼实证研究。研究成果不仅能够提升港口所在地相关政府部门对我国沿海港口发展的重视和支持，也能够完善交通运输部（国务院港口行业主管部门）及各级港口行政管理部门对我国沿海港口的管理和指导，加快推进我国沿海港口转型升级、提质增效，更好地发挥我国沿海港口对港口城市经济社会高质量发展的重要支撑作用。同时还在我国沿海港口与港口城市港城关系、沿海港口对城市经济贡献理论机制及实证分析等研究领域往前迈出了坚实的一步，进一步丰富和拓展了上述研究领域的研究成果，具有重要的理论意义和现实研究价值。

（1）解决了困扰我国沿海港口多年的盲目追求吞吐量的问题

进入 21 世纪以来，伴随着我国国民经济和对外贸易高速发展带来的红利，我国沿海港口吞吐量与港口经济效益一直保持同步快速增长，这也导致了港口吞吐量成为我国沿海港口发展较为直接且重要的统计和评价指标。港口行业主管部门和行业机构定期公布港口吞吐量及排名，地方政府把港口吞吐量纳入对港口发展的目标考核。然而，随着我国国民经济及沿海港口发展速度的逐步放缓、港口生产资料及各项成本的上升以及港口间竞争的不断加剧，我国沿海港口吞吐量已经不能及时、准确和真实地反映港口综合经济运行情况及对港口城市经济的贡献，继续盲目追求吞吐量指标将会造成统计数据的造假和失真，同时对我国沿海港口和港口城市的高质量发展带来一定的负面影响。因此，本书首先明确了港口经济贡献[①]的概念和计算方法，并结

① 港口经济贡献即港口经济活动对城市经济的贡献，本书中港口经济贡献概念等同于港口对城市经济贡献。

合我国沿海港口发展和管理实际对统计和计算方法进行优化，能够直接交由政府部门用于对我国沿海港口经济贡献的统计核算和分析，有效解决了困扰我国沿海港口发展的现实问题。

（2）解决了当前我国沿海港口与所在城市之间关系模糊不清的问题

改革开放以来，随着我国沿海港口与港口城市的快速发展，港城关系逐渐从城依港生、城依港兴进入港城共荣阶段，这也是世界范围内港城关系发展和演变的普遍规律。但是，随着全球经贸和港口发展增速的逐步放缓，港口和城市经济、产业、运输结构的调整，以及港口资源整合和港区功能调整步伐的不断加快，我国沿海港口与所在城市之间的互动关系正在发生重大改变，部分地区甚至出现了沿海港口所在城市对港口发展重视和支持力度减弱、矛盾加剧等现象，严重背离了港城关系正常的发展规律，也抑制了我国沿海港口与港口城市的高质量发展。因此，本书构建了港城关系评价指标体系和分析模型，系统分析了我国沿海主要港口与所在城市港城关系历史演变及驱动机制，得出了我国沿海主要港口与所在城市之间港城关系整体依然在不断密切等结论，为后续深入分析我国沿海港口对城市经济的贡献奠定了扎实的理论基础，同时也为相关部门制定出台促进我国沿海港口对城市经济贡献提升的相关举措提供重要的决策参考。

（3）厘清了我国沿海港口对城市经济贡献的理论机制并论证了港城协调发展对城市经济增长的重要作用，进一步提升对港城关系重要性的认识

通过分析我国沿海港口与港口城市关系机理，以及我国沿海港口对城市经济贡献的作用机理，本书厘清了我国沿海港口对城市经济贡献的机理。我国沿海港口对港口城市经济贡献的提升可以分为直接提升机制和间接提升机制。其中，直接提升机制是通过港口经济活动对城市产生的经济贡献；间接提升机制是港口通过与所在城市协调发展，进一步促进对城市经济的增长。一方面，本书为研究提出适合我国沿海港口和港口城市发展实际的港口经济贡献计算和分析方法奠定了扎实的理论基础；另一方面，通过构建生产函数模型，结合面板数据模型，本书论证了港城协调发展对城市经济增长的

重要作用，进一步提升沿海港口、地方政府及社会公众等对港城关系协调发展重要性的认识，指导我国沿海港口与所在城市制定促进港城关系协调发展的相关举措，促进我国沿海港口与港口城市持续健康协调发展，服务我国沿海港口与港口城市的高质量发展。

（4）构建了适合我国沿海港口的发展和管理实际的港口经济贡献统计和分析方法，并对我国沿海典型地区、典型港口经济贡献进行计算和国内外对标分析

本书在借鉴国内外研究成果和行业实践的基础上，提出了基于投入产出乘数模型和增加值模型的我国沿海港口经济贡献计算方法。为了克服投入产出乘数法计算过程复杂、数据规模庞大、发布周期较长以及很难应用于我国港口行业实践等不足，本书结合我国沿海港口发展和管理实际，对增加值模型进行优化，建立了一套适合我国沿海港口和港口城市发展实际的沿海港口经济贡献统计和分析方法，可以直接交由交通运输部和国家统计局用于对我国沿海港口经济贡献的定期统计核算和分析。通过对国内外主要沿海港口经济贡献的对比分析，本书系统深入地分析了我国主要沿海港口经济贡献与国外主要沿海港口产生差距的原因，在此基础上提出了促进我国沿海港口对城市经济贡献提升的建议，指导我国沿海港口与港口城市制定出台相关举措，充分发挥沿海港口在港口城市经济社会发展中的重要作用，不断提升我国沿海港口对所在城市经济贡献的水平。

1.2 研究内容与技术路线

1.2.1 研究内容

本书从我国沿海港口发展面临的实际问题出发，在系统梳理国内外研究成果和经验不足的基础上，构建和分析了我国沿海港口对城市经济贡献的理论框架，通过对我国沿海主要港口与港口城市港城关系的实证分析和我国沿海主要港口对城市经济贡献的实证分析，以及国内外主要沿海港口经济贡献

的对比，提出促进我国沿海港口对城市经济贡献提升的建议，为政府部门制定出台相关举措提供决策参考。

（1）系统梳理和分析港口经济贡献领域国内外研究现状及不足

系统全面梳理了港城关系涉及的生命周期理论、空间演变理论、协同发展理论、经济增长理论等相关经济学、管理学、地理学、交通运输学理论，深入分析了港城关系的作用机制，包括港口发展对城市发展的正向和反向作用，以及城市发展对港口发展的正向和反向作用。分析了港口对城市经济贡献的内涵及衡量指标，系统梳理了目前国内外关于港城关系发展评价和港口经济贡献计算分析采用的主要定性和定量分析方法，在此基础上归纳总结了目前国内外关于港口经济贡献领域的研究不足，为深入开展我国沿海港口对城市经济贡献的相关研究奠定了扎实的文献研究基础。

（2）系统构建和分析我国沿海港口对城市经济贡献的理论框架

系统构建了我国沿海港口对城市经济贡献的理论框架，并对我国沿海港口与港口城市关系的机理以及我国沿海港口对城市经济贡献的作用机理进行深入分析。研究发现，我国沿海港口与港口城市的关系十分密切，港城关系机理主要包括：沿海港口与港口城市空间演变机制、沿海港口与港口城市经济互动机制、沿海港口与港口城市及产业融合发展机制，以及沿海港口所在城市自增长效应机制。在分析我国沿海港口与港口城市关系机理的基础上，进一步分析我国沿海港口对城市经济贡献的作用机理，主要包括：沿海港口对港口城市经济发展的传导机制、沿海港口与港口城市产业的联动发展机制、沿海港口对港口城市内外的双向辐射机制，以及沿海港口对港口城市经济增长的提升机制。分析我国沿海港口对港口城市经济贡献的机理，为全书研究奠定了扎实的理论基础。

（3）系统分析和评价我国沿海港口与港口城市发展的现状及趋势

从硬件基础设施、港口发展规模、科技创新能力、港口服务水平以及临港产业发展等方面，客观评价了我国沿海港口发展现状及取得的成绩，深入分析了我国沿海港口当前发展面临的经济下行压力大、港口增速放缓、港口功能加速转型以及港口资源整合范围扩大等内外部形势。客观分析和评价了改革开放以来，我国沿海港口城市依托港口的发展带动城市经济增长取得的成效，同时也看到近年来我国沿海港口所在城市经济增速虽然总体高于内陆城市，但是增速将逐渐被内陆城市超越的客观趋势。此外，随着我国沿海港口资源整合的快速推进，我国沿海港口与所在城市之间关系总体相互促进、共同发展，但也出现了部分港口城市对港口发展重视和支持程度降低、港城关系出现矛盾等现象。

（4）系统分析了我国沿海港口港城关系的历史演变及驱动机制

以我国 20 个沿海主要港口为研究对象，系统深入地分析了 2000 年以来我国沿海主要港口与所在城市之间关系的变化，得出了不同区域、不同沿海港口与所在城市之间关系演变的总体规律及呈现的特点，充分肯定了我国沿海港口与所在城市之间关系整体在良性互动的发展轨道上，但同时也要看到部分沿海港口与所在城市关系发展出现的倒车迹象，必须引起港口与所在城市的高度重视。在分析我国沿海主要港口港城关系演变的基础上，本书进一步深入分析了我国沿海港口港城关系演变的驱动机制，将我国沿海港口与所在城市发展的驱动类型分为港口驱动型、城市驱动型和港城互驱型，并深入分析了我国沿海主要港口与所在城市发展驱动机制的演变，得出了沿海港口在所在城市发展中扮演的角色及演变。通过构建生产函数和面板数据模型，论证了港城协同发展对城市经济增长的重要促进作用，为后续开展港口经济贡献的定量计算和分析奠定了扎实的分析基础，同时也为相关政府制定促进港城关系协调发展的政策提供了决策参考。

（5）系统分析了我国沿海港口经济活动范围及其与国民经济统计的关系

在分析港口内涵及分类的基础上，根据联合国贸发会议对港口内涵、功能和代际划分的相关研究，结合国内外研究成果及我国港口行业发展实际，明确了港口经济的内涵，并对我国港口主要经济活动进行梳理和分类。港口经济是以港口为中心，在一定范围内，与港口相关的所有经济活动的总和，具有辐射范围广、经济带动能力强等显著特点。港口经济活动既包含港口装卸等主业，也包括港口拖轮、引航、仓储、代理等辅助产业，海关、边防、公安、海事等政府公共管理，码头建设、航道建设等港口建设，油、水、物资、设备等港口供应，金融保险、信息咨询、教育培训等衍生服务。为了便于我国沿海港口经济贡献的计算和统计分析需要，本书将我国沿海港口经济活动与我国现有国民经济行业分类（GB/T 4754-2017）对应关系进行了对照分析，提高我国沿海港口对城市经济贡献计算的科学性和准确性。

（6）构建我国沿海港口经济贡献计算和分析模型并进行国内外对标

通过对国内外研究成果和行业实践经验的总结，国外普遍采用投入产出法和增加值法对港口经济贡献进行实证分析，并建立了一套适合本国国情和港口发展实际的港口经济贡献统计体系和计算方法，每年定期向社会公众公开发布港口对城市经济的贡献。由于投入产出法计算过程复杂、数据规模庞大，并且发布周期较长，本书建立了基于增加值的我国沿海港口经济贡献计算模型，并结合我国沿海港口统计基础和发展实际，对模型进行了优化，形成了一套适合我国沿海港口发展和管理实际的港口经济贡献计算模型和分析方法，并对我国沿海典型地区、典型港口经济贡献进行计算和分析。通过对美国、欧盟及亚太地区等国外主要沿海港口经济贡献统计机构、计算模型、计算结果以及发布方式等的对标分析，本书找出我国沿海主要港口经济贡献与国外产生较大差距的主要原因，提出促进我国沿海港口经济贡献提升的建议，为我国沿海港口和港口城市制定出台相关政策、提升我国沿海港口对城市经济贡献的水平提供决策参考。

1.2.2 技术路线

本书遵循的技术路线如图 1-1 所示。

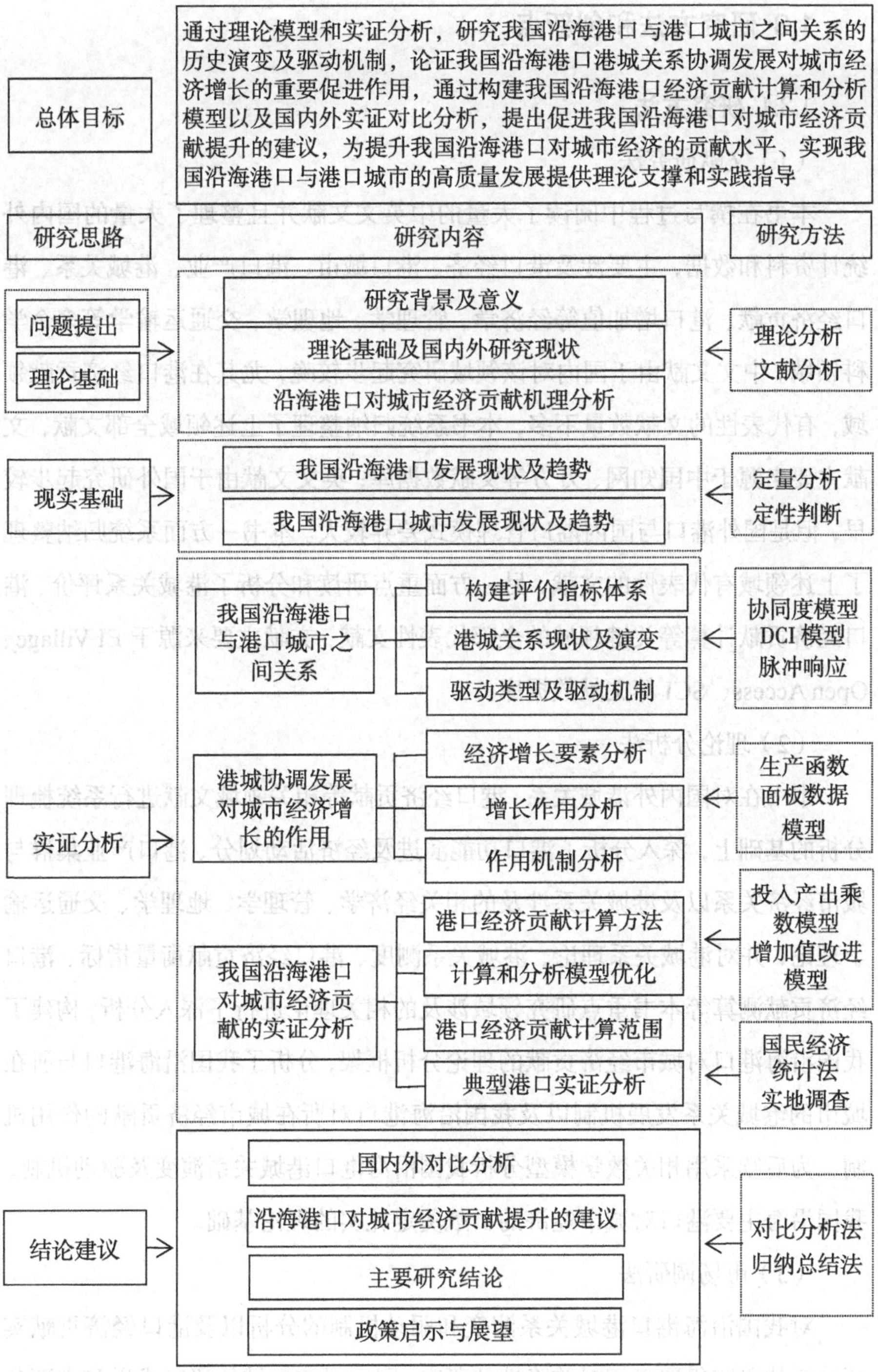
总体目标
通过理论模型和实证分析，研究我国沿海港口与港口城市之间关系的历史演变及驱动机制，论证我国沿海港口港城关系协调发展对城市经济增长的重要促进作用，通过构建我国沿海港口经济贡献计算和分析模型以及国内外实证对比分析，提出促进我国沿海港口对城市经济贡献提升的建议，为提升我国沿海港口对城市经济的贡献水平、实现我国沿海港口与港口城市的高质量发展提供理论支撑和实践指导
研究思路
研究内容
研究方法
问题提出
理论基础
研究背景及意义
理论基础及国内外研究现状
沿海港口对城市经济贡献机理分析
理论分析
文献分析
现实基础
我国沿海港口发展现状及趋势
我国沿海港口城市发展现状及趋势
定量分析
定性判断
我国沿海港口与港口城市之间关系
构建评价指标体系
港城关系现状及演变
驱动类型及驱动机制
协同度模型
DCI 模型
脉冲响应
实证分析
港城协调发展对城市经济增长的作用
经济增长要素分析
增长作用分析
作用机制分析
生产函数
面板数据模型
我国沿海港口对城市经济贡献的实证分析
港口经济贡献计算方法
计算和分析模型优化
港口经济贡献计算范围
典型港口实证分析
投入产出乘数模型
增加值改进模型
国民经济统计法
实地调查
结论建议
国内外对比分析
沿海港口对城市经济贡献提升的建议
主要研究结论
政策启示与展望
对比分析法
归纳总结法

图 1-1 技术路线

1.3 研究方法和创新点

1.3.1 研究方法

（1）文献研究法

本书在撰写过程中阅读了大量的中英文文献并且整理了大量的国内外统计资料和数据，主要涉及港口经济、港口城市、港口产业、港城关系、港口经济贡献、港口增加值等经济学、管理学、地理学、交通运输学等多个学科领域。中文文献由于国内对该领域研究起步较晚，尤其在港口经济贡献领域，有代表性的文献数量不多，本书系统归纳整理了上述领域全部文献，文献主要来源于中国知网、万方等文献数据库；英文文献由于国外研究起步较早，但是国外港口与国内港口管理模式差异较大。本书一方面系统归纳整理了上述领域有代表性的文献，另一方面重点研读和分析了港城关系评价、港口经济贡献计算等关键领域的全部代表性文献，文献主要来源于 EI Village、Open Access、SCI 等文献数据库。

（2）理论分析法

本书在对国内外港城关系、港口经济贡献等相关领域文献进行系统梳理分析的基础上，深入分析了港口功能演进及经济活动划分、港口产业集群与城市经济关系以及港城关系涉及的相关经济学、管理学、地理学、交通运输学理论，并对港城关系理论、港城关系测度、港口经济贡献衡量指标、港口经济贡献测算等本书重点研究领域涉及的相关理论进行了深入分析，构建了我国沿海港口对城市经济贡献的理论分析框架，分析了我国沿海港口与所在城市的港城关系发展机制以及我国沿海港口对所在城市经济贡献的作用机制，为后续采用相关数学模型分析我国沿海港口港城关系演变及驱动机制、我国沿海主要港口对城市经济的贡献奠定扎实的理论基础。

（3）市场调研法

对我国沿海港口港城关系演变和驱动机制的分析以及港口经济贡献实证分析的研究仍属于相对前瞻性的研究，国内对该领域的研究成果和实证分析数量不多。因此，本书在撰写过程中除了梳理大量国内外文献和统计资料外，还实地调研了交通运输部、国家统计局等行业主管部门以及中国社会科学院、国务院发展研究中心、交通运输部水运科学研究院、上海海事大学、大连海事大学、辽宁师范大学等国内该领域权威研究团队和专家，为准确把握本书的研究方向，同时更好地将研究成果应用于我国沿海港口行业和港口城市管理和发展实践奠定了扎实的分析和论证基础。此外，由于关于港口经济贡献的计算需要大量的港口统计数据，作者实地调研了中国港口协会以及我国主要沿海港口，收集整理了大量的一手资料和最新统计数据。作者还利用前期工作积累，与美国、欧洲以及亚太等国家港口主管部门和港口企业进行了邮件调研，获取了国外主要沿海港口的详细统计资料和统计数据，为本书奠定了扎实的数据和分析基础。

（4）定性和定量分析法

目前国内外关于港口经济贡献、港城关系分析等领域的研究主要以定性研究为主，尤其是在港口经济贡献领域，国内由于港口数据获取较困难（很多数据为系统内部数据，不对外公开发布），鲜有对港口经济贡献的定量测算和评价。本书在借鉴国内外现有研究成果的基础上，提出了采用定性和定量分析相结合的方式对我国沿海主要港口港城关系演变及驱动机制、港口经济贡献计算及评价等进行深入分析。定量分析先后采用了协同度模型、动态集中指数（DCI）模型、脉冲响应模型、生产函数模型、面板数据模型、投入产出乘数模型以及增加值改进模型等多个数学分析模型，同时进行了大量的国民经济统计调查、港口行业统计调查等，加工处理了大量的一手调研数据，并对数据进行了系统的处理和分析，为科学得出研究结论奠定了扎实的分析基础。

1.3.2 创新点

本书的研究方向和研究内容具有一定的创新性，在研究方向和选题方面，具有很强的行业必要性、紧迫性和研究的前瞻性；在研究成果方面，具有很强的针对性和指导性，能够指导相关部门制定出台促进我国沿海港口对城市经济贡献提升的举措，服务我国沿海港口与港口城市的高质量发展，主要创新点如下：

第一，研究内容的创新。国外关于港口对城市经济贡献的理论和实证研究相对成熟，并且已经广泛应用于行业实践，对促进港口与港口城市协调发展，提升港口对城市经济贡献水平发挥了十分重要的作用。国内关于港口经济贡献的研究起步相对较晚，在港口对城市经济贡献理论机制及实证分析环节都相对薄弱，尤其是在港口对城市经济贡献计算方法、模型优化以及行业实证等方面距离国外研究成果以及国内政府部门和行业应用还有一定的差距。本书在对国内外研究成果进行系统梳理分析的基础上，提出了我国沿海港口对城市经济贡献的理论机制，并且通过对我国沿海港口与所在城市港城关系的实证分析，我国沿海港口对城市经济贡献的实证分析，以及国内外主要沿海港口对城市经济贡献的对比分析，提出促进我国沿海港口对城市经济贡献提升的措施建议，对加快新时期我国沿海港口转型升级、提质增效，提升我国沿海港口对城市经济贡献的水平，服务我国沿海港口和港口城市的高质量发展具有十分重要的理论和现实意义。

第二，研究视角的创新。本书将我国沿海港口对城市经济贡献的机理分为沿海港口与港口城市港城关系的机理和沿海港口对城市经济贡献的作用机理，并将全书研究逻辑放进我国沿海港口与港口城市"港城关系发展面临问题——港城关系历史演变及评价——港城协同对城市经济增长作用——港口对城市经济贡献实证和对标——促进我国沿海港口经济贡献提升"框架内。首先，针对当前我国沿海港口与港口城市发展面临的现实问题，分析了我国沿海港口与所在城市港城关系历史演变及驱动机制，论证了我国沿海港口与所在城市关系十分紧密。其次，进一步分析和论证了港城协同发展能够促进城市经济的增长。然后，深入研究我国沿海港口对城市经济定量计算分析方法。最后，通过对国内外主要沿海港口对城市经济贡献的对比分析，提出促进我国沿海对城市经济贡献提升的具体建议。

第三，指标选取的创新。国内外关于港口经济贡献的相关研究中，大部分都将港口吞吐量和港口发展水平画等号，过度强调港口吞吐量指标而忽略其他港口系统指标，不仅难以全面反映我国沿海港口真实发展水平，还对我国沿海港口和港口城市的高质量发展带来了很大的负面影响。部分地区甚至出现了港口吞吐量水分，港城关系脱离正常发展轨道，港口城市对港口发展重视程度降低，港城关系发展不协调等众多问题。本书基于我国沿海港口经济活动范围，系统研究建立了包含港口货物吞吐量、集装箱吞吐量（反映港口货值和功能拓展水平）、百米岸线吞吐量（反映港口装卸效率）、进出港船舶平均吨位（反映港口干线和船舶大型化水平）以及船舶在港停时（反映港口综合管理水平）等指标在内的港口综合指标体系（部分指标数据为政府系统和港口行业内部统计），更加全面真实地反映我国沿海港口的综合经济运行水平。

第四，研究方法的创新。国内外关于港城关系研究的定性和定量分析方法较多，本书在现有研究的基础上，对研究方法进行了优化，提出采用熵权法、协同度模型、动态集中指数（DCI）模型和脉冲响应模型对我国沿海主要港口港城关系演变及其驱动机制进行分析，并采用生产函数模型和面板数据模型进一步分析和论证了港城协同发展对我国沿海港口城市经济增长的重要作用。关于港口对城市经济贡献的研究，目前国外研究和行业应用相对成熟，国内仅有部分专家学者对部分地区、部分港口进行了探索性研究。本书在借鉴国内外现有研究成果的基础上，提出了基于投入产出乘数模型和增加值模型的我国沿海港口贡献计算和分析方法，结合我国沿海港口发展和管理实际，对增加值法及其计算模型进行优化，采用增加值改进法对我国沿海典型地区、典型港口经济贡献进行实证分析和国内外对比分析，并提出促进我国沿海港口对城市经济贡献提升的具体建议。

第五，行业应用的创新。国外关于港口对城市经济贡献的相关理论和实证研究成果，已经很好地应用于指导国外港口和港口城市发展的实践。国内目前开展的相关研究大部分停留在理论和实证方法的探索，尚没有形成被政府部门和行业认可的港口对城市经济贡献的理论分析框架和计算模型。本书在国内外现有研究成果的基础上，借鉴国外港口对城市经济贡献理论分析框架和实证模型，结合我国沿海港口发展和管理实际，提出了适合我国沿海港口和港口城市发展需要的港口对城市经济贡献计算模型和分析方法，争取尽快纳入国家统计局和交通运输部对交通运输行业的法定统计体系（已在统计体系中预留），实现对我国沿海港口经济贡献的定期统计和发布。通过对我国沿海港口经济运行的定期监测，为我国沿海港口和港口城市及时制定出台和调整相关政策，提升我国沿海港口对城市经济贡献的水平，促进我国沿海港口和港口城市高质量发展提供决策参考。

第2章 理论基础与文献综述

本章围绕本书主题，进行相关理论与文献的梳理和分析。首先，分析了港口的内涵及分类，对港口经济活动内涵及范围进行划分，分析了港口产业集群的概念及其与城市经济的关系；然后，回顾了港城关系理论、机制及测度的研究现状，并重点对港城关系机理进行深入分析；最后，归纳总结和提炼了港口对城市经济贡献的内涵、衡量指标及测度方法的研究现状。在此基础上，对现有文献研究情况进行评述，为后面的研究奠定扎实的理论基础。

2.1 港口及港口经济活动相关研究

2.1.1 港口的内涵及分类

（1）港口的内涵

《辞海》中的港口是指位于江、河、湖、海或水库沿岸，可供船舶安全进出和停泊的水陆运输枢纽，具有水陆联运的设备和条件，便于旅客上下、货物装卸、船舶补给或修理等。范围包括进港航道、港口水域及陆域。《中华人民共和国港口法》（以下简称《港口法》）规定，港口是指具有船舶进出、停泊、靠泊，旅客上下，货物装卸、驳运、储存等功能，具有相应的码头设施，由一定范围的水域和陆域组成的区域。《辞海》和《港口法》对港口的定义属于传统意义上的定义，仅从港口应具备的外在功能和地域条件上解释了港口的概念，但漫长的海岸线上并非所有地方都成了港口，因此上述定义可以看成是港口的必要条件。联合国贸发会议指出，港口是拥有海岸线国家经济的强有力支撑点，是一个国家大宗货物进出口贸易的重要必经运输节点，同时还是为运输货物提供增值服务，以更好满足贸易需求不断增长的地方。联合国贸发会议对港口的定义不仅强调港口的外在功能，同时强调港口应该具有经济、财务、商业、社会和发展五个方面的内在功能，因此本书采用联合国贸发会议关于港口的定义。

联合国贸发会议认为港口功能包括外在功能和内在功能。其中，外在功能是指港口服务于港口用户的功能；内在功能是指支撑港口更好地提供外在功能、港口自身应具备的功能。主要的外在功能可以分为三类：服务于船舶（包括引航、拖轮等）、发生在海陆接口（装卸）和发生在岸上（仓储、分拨等）。主要的内在功能包括：经济功能（针对所有者：经济效益最优化）、财务功能（针对投资人或债权人：资金使用优化）、商业功能（针对用户：船期信息提供、资金结算等）、社会功能（针对员工：保障工人权益）、发展功能（针对城市、周边社区和生态环境：保障港口更可持续发展）等（见图2-1）。

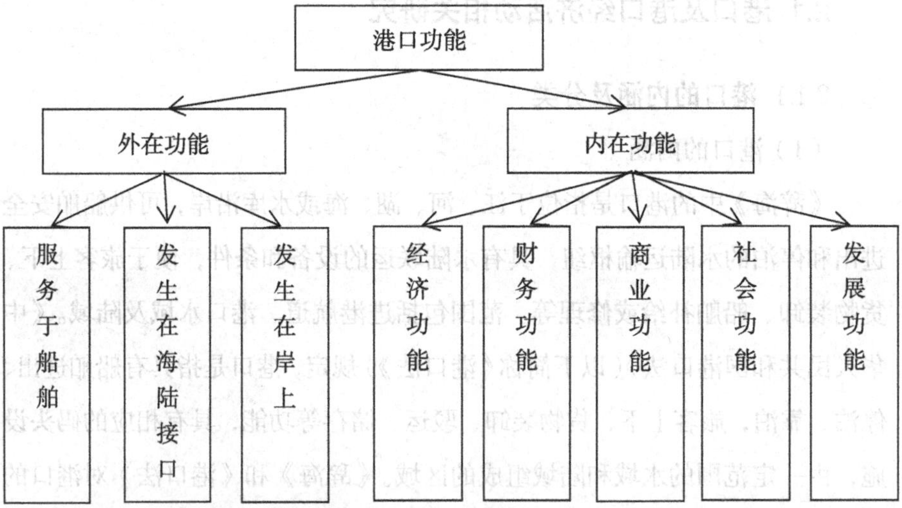

图 2-1　港口的内涵和功能

资料来源：联合国贸发会议

（2）港口分类

按照不同的分类方式，港口可以划分为不同的类型。按用途，港口可以分为商港、渔港和军港等；按港口群，港口可以分为环渤海、长三角、珠三角、东南沿海、西南沿海港口等；按港口层级，可以分为国际枢纽海港、主要港口、地区重要港口和一般港口等。根据 2004 年交通部发布的《关于发布中国主要港口名录的公告》，主要港口共计 53 个，其中沿海主要港口 25 个，内河主要港口 28 个。2021 年，中共中央、国务院印发了《国家综合立体交通网规划纲要》，将全国主要港口调整为 63 个，其中沿海主要港口 27 个（新增唐山港、黄骅港、钦州港、洋浦港）。随着港口资源整合的不断深入，钦州港、北海港和防城港港已于 2009 年率先整合为北部湾港，宁波港和舟山港已于 2015 年整合为宁波舟山港。此外，由于南通港、苏州港、镇江港和南京港位于长江内河，唐山港、黄骅港、洋浦港规模和货类结构不具有代表性，我们不将其纳入沿海主要港口进行分析，因此本书分析沿海主要港口共计 20 个（见表 2–1）。

表 2–1　全国沿海主要港口名录

港口群	港口名称	港口群	港口名称
环渤海	大连港	长三角	温州港
	营口港	东南沿海	福州港
	秦皇岛港		厦门港
	天津港	珠三角	汕头港
	烟台港		深圳港
	青岛港		广州港
	日照港		珠海港
长三角	上海港	西南沿海	湛江港
	连云港港		北部湾港
	宁波舟山港		海口港

资料来源：作者整理绘制

2.1.2 港口功能演进及经济活动划分

（1）港口代际划分及功能演进

早在1994年，联合国贸发会议借鉴集装箱船舶代际划分的概念，根据港口发展阶段和特征，将港口代际划分为三代。1999年，在港口民营化、码头公司国际化的背景下，联合国贸发会议又提出了“第四代港口”的概念。集装箱船舶代际划分属于技术分代，通过船舶装载量这一技术指标进行明确的代际区分，而港口代际划分则更多的属于港口功能演进和特征的划分（见表2-2）。

表2-2 港口代际划分及功能特征

代际	大体年代	功能特征
第一代港口	1950年以前	海运换装点：货物中转、临时堆存和发送
第二代港口	1950年–1980年	在第一代港口功能基础上，增加了工业、商业服务活动，港口成为加工和服务的中心
第三代港口	1980年–2000年	在前两代港口功能基础上，强化港口与所在城市及港口用户间的联系，提供许多超出港区范围的服务，提供整合的信息服务，港口成为物流平台
第四代港口	2000年以来	通过同一运营商或同一管理机构连接在一起，地理上相互分离的港口网络

资料来源：联合国贸发会议

从上表来看，港口功能经历了由单纯的运输服务型向工业加工，商贸服务型，进而向资源配置型的第四代港口方向的三次拓展和转变（见图2-2）。港口经济活动尽管仍然围绕港口装卸这一核心业务，但其范畴伴随三次转变也实现了拓展和丰富。第四代港口的本质提升在于港口经营者从所在城市“走出去”，以搭建港口服务网络的方式提升其在整个供应链方面的服务能力，同时通过信息化手段实现集约化管理并降低成本，从而塑造自身竞争优势。此时，港口运营者的经济活动范围不仅局限于所在港区、城市，向服务网络所在地扩展。

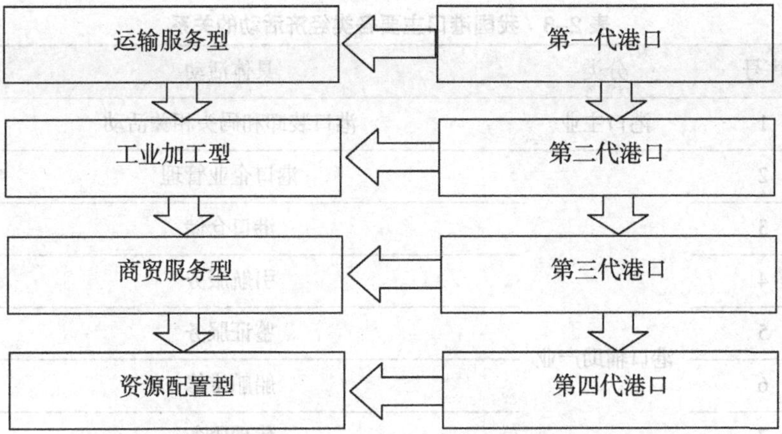

图 2-2　港口功能演进过程

资料来源：作者整理绘制

近年来，国内部分专家学者又提出了第五代港口的概念，目前业界对第五代港口的定义尚无统一的认识，但是都认为应该具备一些典型的特征，比如席平（2009）最早提出的子母港群特征，陈岩（2009）和杜明军（2014）等先后提出的绿色低碳、智慧智能特征，以及陈振春（2021）等提出的规模化、专业化、港城一体化、信息化和绿色化特征等。

（2）港口经济活动的关系

关于港口经济，目前比较公认的内涵是"以港口为中心、港口城市为载体、港口相关产业为支撑、通过彼此间相关联系、密切协调，推动区域繁荣的开放型经济，或者是在一定区域范围内由港航相关产业有机结合而成的一种区域经济"（宋炳良，2009；罗萍，2010；阳立军，2018）。根据联合国贸发会议对港口内涵、功能和代际划分的相关研究，结合国内外研究成果及我国港口行业发展实际，对我国港口主要经济活动进行梳理和分类，主要包括 7 大类、30 小类（见表 2-3）（殷翔宇等，2021）。港口经济活动主要服务于港口客户群，港口各类经济活动的关系见图 2-3。

表 2-3　我国港口主要各类经济活动的关系

序号	分类	具体活动
1	港口主业	港口装卸和码头相关活动
2	港口辅助产业	港口企业管理
3		港口仓储
4		引航服务
5		鉴证服务
6		船舶维修
7		代理服务
8		港口集疏运
9		劳务服务
10	港口政府公共管理	海关
11		国检
12		边防
13		公安
14		海事管理
15		港口行政管理
16		口岸综合协调
17		海事法院
18		救助打捞
19	港口建设	码头建设
20		航道建设维护
21		勘察设计
22	物资供应	油、水、电、物资、设备供应
23	港口衍生服务	金融服务
24		保险服务
25		咨询服务

续表

序号	分类	具体活动
26		培训服务
27		法律服务
28		仲裁、公证服务
29		信息服务
30	港口客户群	客户群是将上述六类活动看作一个整体，客户则为享受六类活动服务，并处于六类活动之外的对象。具体来说，港口客户群为使用港航服务的各类货主、发货人或者收货人

资料来源：作者整理绘制

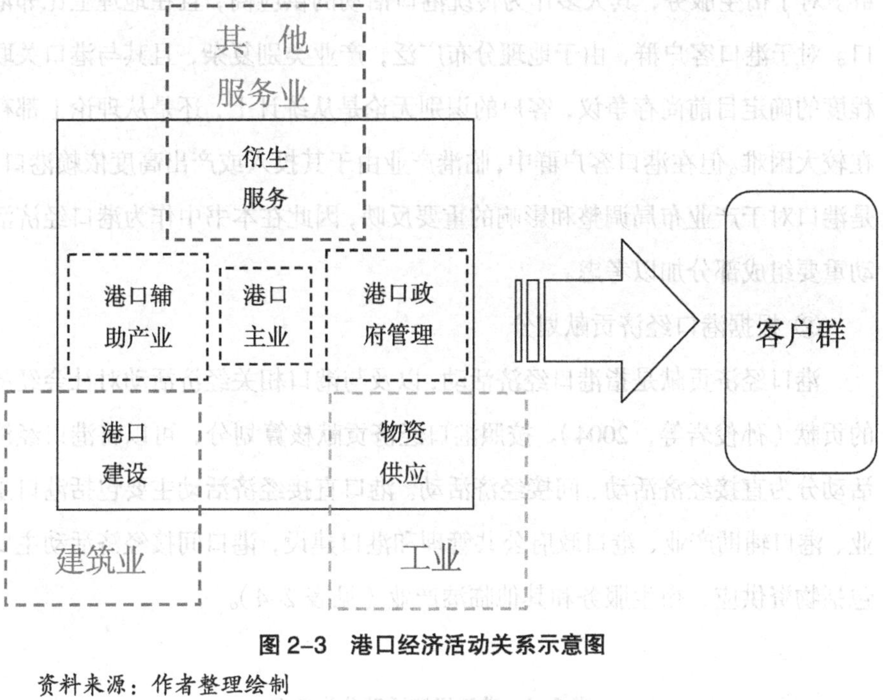

图 2–3　港口经济活动关系示意图

资料来源：作者整理绘制

（3）港口经济活动的分类

如果对港口经济活动进行分类，按照不同分类标准，港口经济活动可以有不同的分类方法。根据港口经济活动特点和港口经济贡献计算需要，通常有根据港口代际和功能特点划分和根据港口经济贡献划分两种划分方式（王斌，2015）。

① 根据港口代际和功能特点划分

根据港口代际和功能特点，港口经济活动可以分为传统港口经济活动和新兴或升级的港口经济活动。传统港口经济活动是围绕港口主业即港口装卸业开展的一系列活动，但在地理分布上并非全部分布于港区范围之内，诸如港口仓储、集疏运、代理乃至港口政府公共管理等。因此，对于传统港口经济活动，其认定依据并不限于地理的分布，更多地取决于其对港口装卸业务的依赖性。新兴或升级的港口经济活动主要包括港口衍生服务和港口客户群。对于衍生服务，其大多作为传统港口活动的供应商，且在地理上比邻港口。对于港口客户群，由于地理分布广泛，产业类别复杂，且其与港口关联程度的确定目前尚存争议，客户的识别无论是从统计上，还是从理论上都存在较大困难。但在港口客户群中，临港产业由于其投入或产出高度依赖港口，是港口对于产业布局调整和影响的重要反映，因此在本书中作为港口经济活动重要组成部分加以考虑。

② 根据港口经济贡献划分

港口经济贡献是指港口经济活动，以及与港口相关经济活动对社会经济的贡献（孙俊岩等，2004）。按照港口经济贡献核算划分，可以将港口经济活动分为直接经济活动、间接经济活动。港口直接经济活动主要包括港口主业、港口辅助产业、港口政府公共管理和港口建设，港口间接经济活动主要包括物资供应、衍生服务和其他临港产业（见表 2–4）。

表 2–4　港口经济活动分类情况

按贡献类别划分	分类	按港口功能划分
港口直接经济活动	港口主业	传统港口经济活动
	港口辅助产业	

续表

按贡献类别划分	分类	按港口功能划分
	港口政府公共管理	
	港口建设	
港口间接经济活动	物资供应	
	衍生服务	新兴或升级的港口经济活动

资料来源：作者整理绘制

2.1.3 港口产业集群与城市经济关系

（1）港口产业集群的内涵及范围

国际上第一个提出港口产业集群并将集群理论引入港口产业分析的是比利时安特卫普大学的哈曾当克（Haezendonck E.，2001），她将港口产业集群定义为：一系列从事港口相关服务的相互独立的企业，聚集在同一港口区域，以获得相对于集群外部的联合的竞争优势。其后，兰根（Langen，2003）和埃级斯（Edgars，2011）等进一步丰富了港口产业集群的内涵和范围，认为港口产业集群包含了所有与港口、船舶和货物相关的经济活动。国内关于港口产业集群的研究成果较少，现有研究成果大多停留在借鉴国外研究成果的基础之上，缺乏与中国实践的结合（任晓，2013）。综合国内外专家和学者的研究成果，结合我国港口发展实际，笔者认为港口产业集群就是与港口相关联且存在集聚效应的所有产业的总和（见表 2–5）。

表 2–5　港口产业分类

产业分类		产业特征	主要行业
直接产业	共生产业	由于港口的存在而直接产生的行业	海上运输、港口装卸、仓储、物流等
	依存产业	依赖港口及共生产业而形成和发展起来的行业	修造船、临港石化、加工制造等
关联产业		与港口直接产业密切相关的行业	金融保险、教育咨询、商贸旅游、娱乐等

资料来源：作者整理绘制

（2）港口产业集群的形成机理及驱动因素

伯德（Bird，1971）提出的任意港（Anyport）模型指出，港口的发展随着时空的演化可以分为形成、扩张和专业化三个阶段，该研究被视为港口产业集群范畴形成的雏形。刘志强和宋炳良（2004）将港口产业集群分为集群核心区、次集群核心区和集群延伸区，并将不同集群分区的形成动力机制分为外生构建型（政府规划引导推动）和内生构建型（产业和环境相互作用自发形成）两种。顾亚竹（2006）认为港口经济的产生就是港口与腹地经济相互影响、相互渗透的过程，港口作为运输节点将港口装卸、仓储物流及与港口有关的产业活动在空间上产生集聚，形成港口产业集群。

综上所述，港口产业集聚的形成具有明显的阶段性特征，并且与港口和城市之间的关系密不可分。首先港口依靠地理位置的优势作为城市或腹地物资的中转运输门户，大力发展港口装卸、仓储、运输等共生产业，此时城市也依托港口开始快速发展；随后，临港产业开始快速发展，同时也带动城市经济和产业的发展，此时港城处于相互促进的发展阶段；当港城关系发展到港城一体化阶段，通过上下游的产业联系，衍生出为港口提供各种服务的关联产业，并逐渐成为新的港口经济增长引擎，此时港城关系发展进入和谐共荣阶段（见图 2-4）。

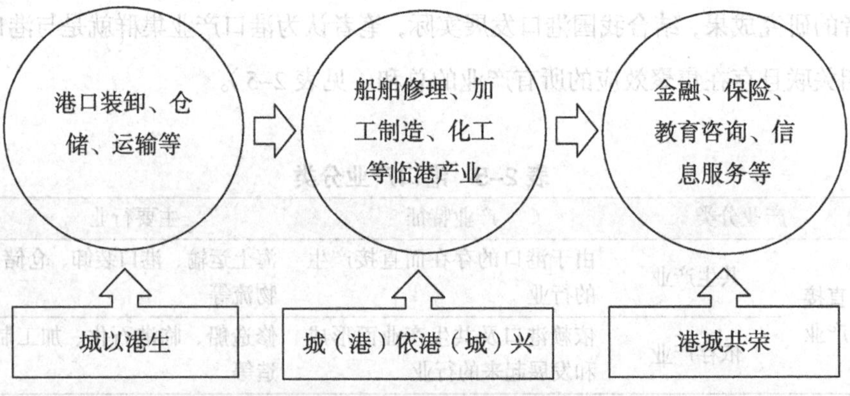

图 2-4 港口产业集聚的发展阶段

资料来源：作者整理绘制

此外，根据对现有研究成果的归纳总结，可以发现港口产业集群形成的动因很多，但是离不开以下几个方面（国务院发展研究中心资环所课题组，2017）：一是地理位置、自然条件和资源优势。港口产业集群的形成需要一定的基础条件，比如独特的地理位置、良好的自然条件以及丰富的自然资源等，鹿特丹港、东京湾港、上海港等世界上著名的港口产业集群，都源于港口优越的地理位置和建港条件，聚集了大量的相关行业，使港口的功能不断丰富，产业的集群现象日趋明显。二是广阔的腹地。港口产业集聚源于港口功能的拓展，港口功能的拓展又源于港口腹地的需求，广阔而又需求特征明显的港口腹地会加速港口产业的集聚。三是良好的集疏运条件。港口功能的充分发挥离不开港口良好的集疏运条件，优越的交通条件会吸引相关企业等主动集聚到港口。四是政府部门政策的支持。政府的积极扶持和引导，会加速临港产业的形成和发展，同时会形成港口和城市发展相互促进的良性互动，让港口产业的集聚更好地服务城市经济的发展。

（3）港口产业集群与城市经济关系

前述我们分析了港口产业集群的内涵、范围及形成机理，得出了港口产业集群和城市经济发展之间存在着密不可分的联系，那港口产业集群和城市经济之间的关系如何？吕荣胜等（2006）通过分析中国汽车业和石油业的发展经验，论证可以通过发展港口产业集群来带动区域经济的发展。纪玉俊和刘琳婧（2013）运用系统动力学模型分析了港口物流产业集群与沿海区域经济发展之间的关系，并对港口物流产业集群和沿海区域经济两者之间的联系进行了格兰杰因果检验，从而验证了两者之间的关系。郑建平和胡永仕（2021）认为港城协同效应主要表现在腹地经济对港口产业的推动效应（即腹地经济产生运输需求，运输需求促进港口基础设施建设）和港口产业对腹地经济的拉动效应（港口运输降低贸易成本，增加贸易总量，优化产业结构）两个方面。

2.2 港口与城市关系相关研究

港城关系研究一直是业界和跨学科研究的热点和焦点领域，从 1963 年英国学者伯德研究港城空间演变开始，到港口腹地拓展、港城关系互动、港口经济贡献、港城界面与空间规划等，专家学者们一直不断在拓展港城关系研究的范围（郭建科，2010；郭建科，2013）。随着港城关系的发展进入了一个新阶段，需要系统全面深入评估港城关系的发展演变及驱动机制等，更好地服务港口对城市经济贡献的提升，港城关系领域的研究又掀起了一波新的高潮。

2.2.1 港口与城市关系的理论

港城关系的研究始于美国，历经半个多世纪，形成了港城生命周期理论、港城空间演变理论、港城协同互动发展理论、港城成长模式理论等多个港城关系发展演变理论。

（1）港城生命周期理论

1966 年，美国哈佛大学教授雷蒙德·弗农（Raymond Vernon）在其《产品周期中的国际投资与国际贸易》一文中首次提出了产品生命周期理论。从经济学角度，生命周期一般经历发展、成长、成熟和衰退四个阶段。弗斯尼（Vigarie，1978）首次提出了港城生命周期概念，将生命周期理论引入到港口和城市发展研究中，形成了港口和城市生命周期理论。梁双波等（2009）提出了起步雏形期→成长壮大期→成熟扩展期→融合衰退期的港城四阶段生命周期模式。张国桥和董旭（2010）进一步从功能和空间两个角度，将港口城市划分为生长期、发展期、成熟期和后成熟期（见表 2-6）。

表 2-6 港口城市生命周期模型

周期	对应阶段	功能关系	空间关系	产业阶段
生长期	依港初始联系阶段	强烈地互相依赖	紧密连接	初始商港型经济

续表

周期	对应阶段	功能关系	空间关系	产业阶段
发展期	港城发展相关联阶段	开始出现分异	开始出现分离	港口工业型经济
成熟期	港城关系分异阶段	分异明显	明显分离	多元化型经济
后成熟	港城自增长阶段	更高层面互相促进	重新融合布局	城市经济

资料来源：作者整理绘制

（2）港城空间演变理论

早在 1934 年，德国学者高兹（Erich A · Kautz）以海港与腹地间的关系为基础创立了海港区位论（杨吾杨，2000）。20 世纪 60 年代开始，港城空间模型构建持续发展（郭建科，2010）。英国学者伯德（Bird，1963）和美国学者特佛（Taaffe，1963）相继提出了港口通用模式（Anyport 模型）和海港空间结构演化模型。随着行业的应用和拓展后来还形成了系列修正模型（周井娟，2014）。到二十世纪七八十年代，亨乐（Hoyle，1989）提出了 Anyport-City 模型，突出强调了港城的互动作用。罗特本（Notteboom，2005）又提出港口发展从布局阶段、拓展膨胀阶段到专业化阶段的三阶段论。国内对港口与城市关系的研究起步相对较晚，黄盛璋（1951）较早研究了国内港口格局的历史变迁及成因。二十世纪八九十年代，研究开始着眼于城市滨水区再开发（Bart W. Wiegmans，2011），对港口通用模型加以拓展，从只关注港城分离的趋势，到关注被废区域的再开发（陈航等，2007）。

（3）港城协同互动发展理论

1971 年，物理学家哈肯（Haken）提出了协同理论，指出在复杂的环境中，各系统间存在互相影响和合作的关系。港城关系是港口城市与其辖区内港口之间的相互需求、相互影响和相互制约的关系（唐宋元，2013）。港城关系主要包括经济关系、地理关系、管治关系和文化关系等四个方面。刘秉镰（2002）最早对港城互动的理论进行了阐述，揭示了港城关系相互作用的规律和作用机理。

（4）港城成长模式理论

国外最早通过探讨港口城市的时空演化总结出了港城成长模式理论（Chenjin Wang, 2012）。英国地理学家伯德（Bird, 1963）最早总结了英国主要海港的时空演变规律，将港口成长划分为5个阶段，开创了港口与城市成长模式理论的研究。吴传钧和高小真（1989）按照成长动力演化规律将港城关系从低级到高级划分为3种模式。许继琴（1997）在前人基础上进一步将港城关系界定为港城初始联系、港城相互关联、港城积聚效应和城市自增长效应4个阶段。

综上所述，目前国内外关于港城关系研究成果较为丰富（邓昭等，2021），港城关系理论的研究虽然取得了一定的成果，但是相较于港城关系领域其他方面的研究，研究成果数量明显单薄（刘波，2009），而且对港城关系理论研究的深度和广度比较薄弱，代表性研究成果不多，大部分都是将现有经济学理论在港城关系领域的简单分析。

2.2.2 港口与城市关系的机制

港城都是复杂的大系统，港城关系的演进是港口与城市系统各方面发展的协调统一过程（杨山等，2011）。塔夫-莫里尔-顾尔德模型（Taaffe-Morrill-Gould model, 1963）是最早提出的港城发展动力模型（徐永健，2001）。斯拉克（Slack，1990）从集装箱的角度对港口发展进行了研究，并讨论了港城互动之间的机理。陈航等（2008）运用分层聚类法对我国的国家级港口城市进行分类，并分析了不同类型港城关系的互动机制和主要特征。

庄佩君和汪宇明（2010）分析了Anyport模型的演变规律。刘波（2009）认为港—城经济互动需要一定的基础条件，其中港口区位条件是经济互动关系的天然禀赋，自然资源条件是经济互动关系的内生要求，经济实力是经济互动关系的现实基础，基础设施是经济互动关系的沟通桥梁，科学技术是经济互动关系的助推器。郭建科等（2015）深入分析了港城关系的驱动因素及过程，港城关系的强弱与港城发展阶段以及与腹地的关系等因素关系密切。随着港口与城市规模的不断扩大，港城关系网络联系广度和深度不断拓展。郭建科等（2021）进一步分析了港城网络体系空间重构的特征与过程，并探讨其作用机制。孙建平等（2018，2021）分析了我国港口业与沿海区域经济增长的重心移动轨迹和时空差异。

由于港口发展会对城市带来噪声污染、交通拥堵、安全事故等负面影响，部分专家学者们开始将港城关系研究的目光转向绿色港口、绿色城市和绿色产业之间的关系及驱动因素分析（Oliver 和 Slack，2006；梁浩等，2021；Kovačič等，2022）。郭振峰等（2016）以探究港城互动构建绿色低碳港口城市的互动机制，分析了城市经济、港口和生态环境的因果关系和反馈回路。海德俊等（2019）认为港口的发展一方面会促进城市的繁荣，另一方面会导致城市交通拥堵、环境污染。同时，港口和城市的扩张会造成土地资源利用紧张、港城发展出现矛盾。陈艳等（2019）通过系统动力学理论，分析了各经济、人口和资源等子系统之间的因果关系以及互动机制。港城互动构建绿色低碳港口城市因果关系图如见图 2-5。

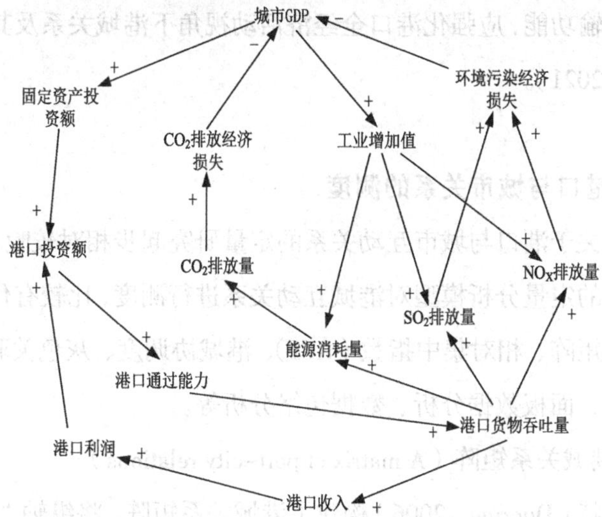

图 2-5 港城互动构建绿色低碳港口城市因果关系图

资料来源：作者整理绘制

吴阿蒙和王娟（2008）分析了政府行为在港城发展中的作用，并提出了政府如何更好地促进港城关系发展的建议。罗永华（2015）认为港口物流发展能够带动城镇经济的迅速发展，城镇化能够为港口物流发展提供天然载体和重要依托。匡海波等（2017）独特地提出了港城不分是当前我国港口发展的主要症结，实施港城分离的区域化港口集团是我国港口行业发展的必然选择。近年来，港产城融合发展被提升到新的高度，成为港口及所依托城市发展的重点。吴晓磊等（2022）认为港口具有准公共物品属性，将港产城关系的研究范围从港口和城市拓展到港口和城市群。孙佳会（2021）基于长三角高质量一体化发展实际特点与实际诉求，将长三角港口群–城市群作为复合系统，论证了长三角地区港城协同度与区域经济增长之间具有正向但并不全部显著的双向作用。

综上所述，目前国内外对港城关系互动机制已经开展了相对深入的研究，不仅包括正向的经济促进，还包括反向的城市污染、交通拥堵等，并且针对具体的港口开展了案例分析；不仅包括港口与城市、产业的关系，还包括港口（群）与城市（群）的关系。但是，港口对城市的影响不再局限于单一的交通运输功能，应强化港口全经济活动视角下港城关系及其机理的研究（邓昭等，2021）。

2.2.3 港口与城市关系的测度

国内外关于港口与城市互动关系的定量研究起步相对较晚，很多专家学者采用不同的定量分析模型对港城互动关系进行测度，比较有代表性的方法有港城关系矩阵、相对集中指数（RCI）、港城协调度、灰色关联分析、系统动力学模型、面板数据分析、数据包络分析等。

（1）港城关系矩阵（A matrix of port–city relations）

杜克勒特（Ducruet，2006）构建了港城关系矩阵，将纵轴“地理中心度”作为衡量城市功能的指标，将横轴“地理中间度”作为衡量港口功能的指标，展示了港口与城市在历史演进过程中可能形成的 9 种不同形态（见图 2–6）。

陈航等（2009）基于港城关系矩阵，建立了港口功能与城市功能关系矩阵，并对矩阵进行量化分析。

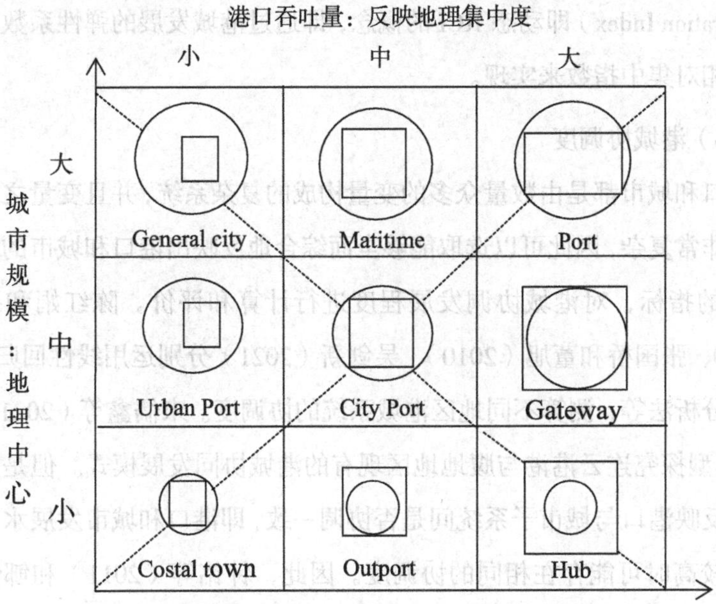

图 2-6 港城关系矩阵（A matrix of port-city relations）

资料来源：作者整理绘制

（2）相对集中指数（RCI）

该指数由 Vallega 于 1979 年提出，将 RCI 定义为一个整体区域中某一港口吞吐量比重与同该港口相关的居民点人口比重的比值，RCI = 1 表示港口规模与城市规模相当，RCI → 0 表示港口城市系统中城市的地位趋于重要，RCI →∞ 表示港口城市系统中港口的地位趋于重要。杜克勒特和李（Ducrunet and Lee，2006）以 0.33、0.75、1.25 和 3 为临界点，对港口与城市规模平衡性进行划分。姜丽丽等（2011）以辽宁省为案例，引入 RCI 指数评价港口与城市规模的关系。王选飞等（2020）选取粤港澳大湾区港城关系为研究对象，利用 RCI 指数对港城关系进行测度。毕森（2020）等认为用城市建设用地面积指标可以更好地体现城市发展的状况和水平。赵亚洲和覃凤练（2020）对 RCI 指数进行改进，将货物吞吐量、城市人口、GDP 值及集装箱吞吐量同时纳入对北部湾港 RCI 的计算。郭建科等（2015，2020）认为 RCI 模型等级划分主观性较强，提出了动态集中指数（DCI，Dynamic Concentration Index）即动态 RCI 的概念，即通过港城发展的弹性系数和港城增长的相对集中指数来实现。

（3）港城协调度

港口和城市都是由数量众多的变量构成的复杂系统，并且变量之间的相互作用非常复杂，因此可以选取能够全面综合地反映出港口和城市的综合发展水平的指标，对港城协调发展程度进行计算和评价。陈红娟和孙桂平（2009）、张国桥和董旭（2010）、吴剑新（2021）分别运用线性回归拟合、主成分分析法等，测算不同地区港城系统的协调度。宋儒鑫等（2021）运用 VAR 模型探究连云港港与腹地地区现有的港城协同发展模式。但是，协同度仅能反映港口与城市子系统间是否协调一致，即港口和城市发展水平均较低和均较高时可能存在相同的协调度。因此，钟铭等（2011）和郇恒飞等（2011）在协调度模型基础上提出了能反映系统综合发展水平的协同度和动态协同度模型。范厚明等（2015）建立了港城复合系统协同度模型，并以上海、深圳、香港等 9 个港口城市为例进行实证研究。郭建科等（2017）通过构建耦合协调度模型，运用核密度和 ArcGIS 对环渤海地区港口城市的耦合协调度进行时空演变分析。刘恩梅和李南（2021）对河北省港口经济与城市经济的耦合协调关系进行分析。

（4）其他分析方法

① 灰色关联分析。朱传耿等（2009）运用灰色关联分析法通过计算港口—腹地经济关联发展的均值关联度，对连云港港口—淮海经济区关联发展效应进行定量研究。董晓菲等（2010）运用灰色关联分析法分析了大连港—辽宁腹地系统关联特性以及在空间上的演变规律。于子晴等（2014）选取中国 14 个主要港口城市，通过构建灰色关联模型，深入分析研究了 1990—2010 年中国主要港口、城市发展特征及港城关联度。王和马（Wang 和 Ma，2019）分析了物流集群效应在我国港口城市发展中的作用，并总结了对港口经济产

生影响的相关指标排序。

② 系统动力学分析。曹宇和王承宏（2018）根据系统动力学原理和方法，从港城系统特征、系统模型边界和系统要素因果关系出发，建立基于创新驱动的港城经济系统模型。潘婧等（2012）和陈艳等（2019）构建了港城耦合系统的系统动力学模型，分别对连云港、青岛的港城关系进行定量分析。范厚明等（2015）构建了基于系统动力学的因果关系图，以深圳市为例进行了实证分析。崔（Cui，2013）将系统动力学模型运用到航空港竞争中，拓展了模型的应用范围。

③ 面板数据分析。许峥嵘和杜佩（2012）与周井娟（2014）分别选取我国部分（沿海）港口，建立面板数据模型，分析不同时间节点范围内，各城市区域经济指标与港口吞吐量的相互影响程度，并借助于港口影响曲线和相对集中度指数分析方法，对港城关系演进规律及发展阶段进行研究。

④ 数据包络分析。高琴等（2009）通过构建港口—城市经济 DEA 评价模型，定量测算出港口与城市发展的互动关系。邵桂兰和孙远胜（2010）、梁红艳和王健（2012）、高涛等（2017）分别运用协整理论和格兰杰检验、向量误差修正模型（VECM）以及数据包络分析法和偏相关分析法，分析了青岛、福建和宁波港口与城市经济的互动关系。

综上所述，可以发现目前国内外关于港城关系的定量研究已经积累了很丰富的研究成果，但是：（1）关于港口系统指标的选取大部分只选取港口吞吐量等少数指标（港口系统很多数据为内部数据，获取比较困难），不能反映港口真实经济活动情况及港口系统综合发展水平；（2）研究范围大部分聚焦单个港口或区域港口，缺少对国内典型地区、典型港口以及具有一定时间跨度的定量分析，难以获得港城关系发展的一般规律，以至于提出的措施建议普适性较差，难以给相关政府部门管理提供决策参考；（3）对于港城关系的研究大部分局限于港口与城市经济的协调发展状况和综合水平，少见针对港城协同发展程度对城市经济发展作用的定量分析，没有将港城关系转化为促进城市经济增长的重要动力。

2.3 港口对城市经济贡献相关研究

2.3.1 港口经济贡献的内涵

国际上对港口经济贡献的研究起步较早，美国特拉华港务局（1953）研究了特拉华内河港的直接经济影响，被业界称为研究港口对区域经济贡献的第一篇报告。随后，布滋和哈密顿（Booz 和 Hamilton，1979）将港口的经济效益分为直接效益和间接效益两方面。基伯特和湿杜（Gilbert 和 Vinod，1987）分析了港口对区域经济的影响，指出港口的直接经济活动对城市经济的贡献，即港口及相关产业对国民经济的初始或第一轮影响。戴维斯（Davis，1983）指出按港口生产活动影响的波及顺序，港口及相关产业活动可划分为直接、间接和波及经济活动，首次提出了港口的间接经济影响和波及经济影响。从此，在研究港口的经济影响时，不仅考虑到港口的直接影响，还包括间接影响和波及影响。

国内专家学者对港口经济贡献的研究起步较晚，上海国际航运信息研究中心（1999）较早地涉及了我国港口经济贡献的相关研究。该研究系统地建立了一套具有普遍适用性与参考价值的港口经济评价指标体系，确定了航运业及相关产业的统计范畴、行业分类、指标设定及数据采集等，并以上海市为例进行了分析。在国外专家学者研究成果的基础上，结合国内港口具体情况，国内专家学者对港口经济贡献的内涵和分类进行了深入的研究，比较有代表性的研究成果如下：

宋炳良（2001）指出所谓港口的直接经济贡献是指港口及相关产业对区域经济和国民经济的初始或第一轮影响（Primary Impact），港口间接经济贡献是指由港口服务业和相关产业对区域经济直接影响的波及效应（Ripple Effects）对该地区产生的第二轮及其之后的各轮经济影响。单敏等（2003）和孙峻岩等（2004）认为港口直接和间接经济贡献表现为第一轮经济贡献，是港口经济贡献计算的基础，波及经济贡献是由初始经济活动所产生的后续的波及效应。吴国付和程蓉（2006）和申勇锋等（2014）进一步明确港口直接经济贡献是指港口相关经济活动自身创造的经济贡献，港口间接经济贡献是指港口相关经济活动部门购买产品或服务所产生的经济贡献，港口波及经济贡献是指港口相关经济活动部门职工工资消费引起的经济贡献。宁涛（2003）和朱吉双（2020）将港口经济贡献按照港口经济活动范围和部门进行分类，在计算和分析时不容易产生分歧和误解。

综上所述，国内外专家学者对港口经济贡献内涵的认识和分类基本相同，并且研究成果层层递进，具有很强的延续性。本书认为港口经济贡献是指港口经济活动以及与港口相关经济活动对社会经济的贡献。依据港口与城市经济的关系，可以将港口经济贡献划分为三类：直接经济贡献、间接经济贡献和波及经济贡献（见图 2-7）。港口直接经济贡献是指由港口直接经济活动所创造的社会经济贡献，主要包括港口主业、港口辅助产业、港口政府公共管理和港口建设；港口间接经济贡献是与港口间接相关的经济活动所创造的社会经济贡献，这部分经济活动虽然不是以完成港口任务为目标而进行的，但是，这些活动又与港口发生着必然的联系，主要包括物资供应、衍生服务和其他临港产业（见表 2-7）。经济是在不断发展和变化运动中的系统，任何一项经济活动都会对整个系统产生影响，并且不断循环直至趋近于零，这种由经济活动所产生的影响被称为“波及效应”。港口波及经济贡献，即是由初始经济活动所产生的后续波及效应。

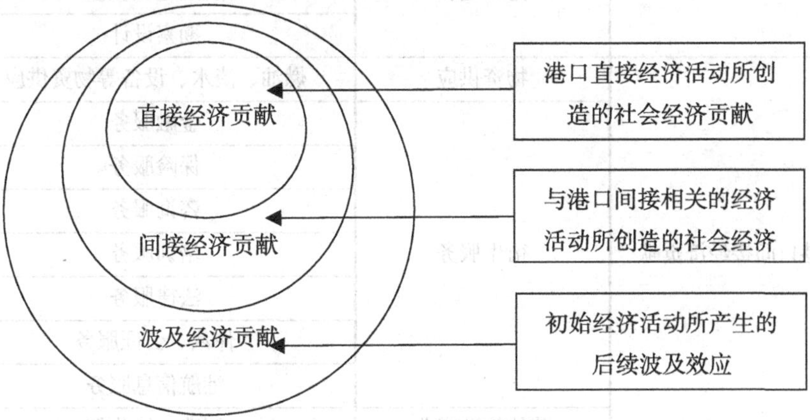

图 2-7　港口直接经济贡献、间接经济贡献和波及经济贡献关系

资料来源：作者整理绘制

表 2–7 港口经济贡献分类及具体构成

贡献类别	分类	具体活动
港口直接经济贡献	港口主业	码头装卸
	港口辅助产业	企业管理
		堆存仓储
		引航拖轮
		鉴证服务
		维修保养
		代理服务
		港口集疏运
		劳务服务
	港口政府公共管理	海关
		检验检疫
		边防
		公安
		海事
		港口行政管理
		口岸综合协调
		海事法院
		救助打捞
	港口建设	码头建设维护
		航道建设疏浚
		勘察设计
港口间接经济贡献	物资供应	燃油、淡水、设备等物资供应
	衍生服务	金融服务
		保险服务
		咨询服务
		培训服务
		法律服务
		仲裁、公证服务
		港航信息服务
	其他临港产业	制造、炼化等

资料来源：作者整理绘制

2.3.2 港口经济贡献的衡量指标

通过对港口经济贡献内涵和分类的分析，笔者可以发现港口经济贡献主要是通过港口直接、间接和波及经济活动给城市社会经济带来的贡献。港口经济贡献的影响因素比较复杂，单敏等（2003）认为港口经济贡献的影响因素主要包括港口经济活动的分类、港口吞吐量规模、劳动生产率、临港工业的统计与计算以及地区投入产出结构。其中，港口经济活动分类是港口经济贡献的首要条件，不同的分类标准和划分范围将直接影响港口经济贡献的大小。

国外典型港口一般采用增加值衡量港口经济贡献，用就业衡量港口社会贡献，但有时也会采用税收、工资、投资等其他更加具体和细化的指标（见图 2–8）（朱吉双，2020）。上海国际航运信息研究中心（1999）根据航运业及相关产业的核算需要，其统计指标应包括总产出、增加值、劳动者报酬、税金、固定资产当年折旧、营业利润、中间消耗、固定资产原值平均占用余额、平均从业人数等。宁涛（2003）认为港口经济影响衡量指标不宜太专业，否则将很难进行横向比较，建议采用增加值、劳动就业人数、报酬水平、税收收入、吸引外资能力等指标。贾大山（2006）认为衡量港口对城市发展作用的核心指标主要为对就业和 GDP 的贡献。申勇锋等（2014）参照国际通行做法，结合我国港口实际，选择总产出、GDP 增加值、就业人数、劳动者报酬和上缴税收作为核心指标。

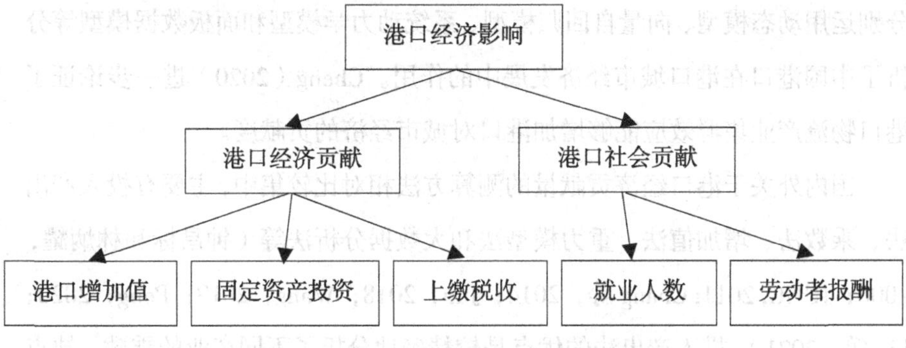

图 2–8　国外港口经济贡献典型衡量指标

资料来源：作者整理绘制

2.3.3 港口经济贡献的测度

20 世纪 60 年代，国外专家学者对港口经济贡献的研究起步，洛杉矶-长滩、鹿特丹、汉堡等欧美主要港口都相继发布港口经济贡献报告，反映港口对城市经济、税收、投资及就业等方面带来的贡献，由于调查研究需要大量的统计数据，当时的研究报告大多由港务局自身或委托咨询机构、大学等第三方机构来编写，研究人员大多具有管理机构的背景，研究内容涉及理论研究相对单薄，更多倾向于数据调查分析等实证研究（谢卫奇，2010）。随着港口经济贡献研究的逐渐深入，专家学者们开始将目光更多地投向研究方法的创新、研究成果的横向对比以及行业的实践应用等方面（Angelopoulos 等，2021）。

国内外关于港口经济贡献的定量研究主要包括贡献度和贡献量研究两个方面。为了衡量港口对城市（区域）经济的贡献度，高琴等（2009）通过构建生产函数，将集装箱吞吐量指标纳入生产函数模型，分析了大连、宁波、天津、青岛和上海等 5 个港口集装箱吞吐量指标对港口所在城市经济贡献的显著性；王景敏和隋博文（2012）运用 SOLOW-SWAN 原理构建港口物流对经济增长贡献度，并对广西北部湾经济区港口物流对经济增长贡献度进行实证分析；李健（2017）运用整体面板数据模型和分地区时间序列模型，分析了江苏省沿海连云港、南通和盐城三城市的港口发展对区域经济的贡献。单等（2014）、王和谭（2019）、种等（2020）、李等（2020）和郭等（2020）分别运用动态模型、向量自回归模型、系统动力学模型和面板数据模型等分析了中国港口在港口城市经济发展中的作用。Cheng（2020）进一步论证了港口物流产业集群效应能够增加港口对城市经济的贡献度。

国内外关于港口经济贡献量的测算方法相对比较集中，主要有投入产出法、乘数法、增加值法、重力模型法和大数据分析法等（钟昌标和林炳耀，2000；JUNG, 2011; Chang 等，2014；Jun，2018；Wang，2019；Peng，2020；Liu 等，2021）。投入产出法的优点是较精确地分析了不同产业的乘数，缺点是数据发布周期长、计算工作量大等（申勇锋等，2014）。宁涛等（2004）

从应用的角度对港口经济贡献的计算方法进行了探讨，比较了投入产出法和乘数法在定量研究港口经济贡献中的优劣及适用范围。投入产出法的优点在于结果详细，缺点在于基础数据处理烦琐，行业实践应用困难等。乘数法优点是简单易行，缺点在于计算结果相对较粗，检验存在困难，易引起争议。宋炳良（2001）利用投入产出模型和上海市投入产出表，首次尝试对上海港航对区域 GDP 的完全贡献进行测算。由于港口经济活动涉及的国民经济产业部门较多，郭秀娟（2010）将投入产出表转换为包含港口部门的投入产出表。姜超雁和雷池玥（2012）将港口经济和投入产出模型有机结合，建立港口投入产出乘数模型，并以杭州港为例进行实证分析。随着港口经济贡献计算方法的逐渐成熟，国外专家学者逐渐将港口经济贡献计算和分析范围从欧美国家转向亚太以及非洲等国家（Park 和 Seo，2016；Syabri 等，2017；Mlambo，2021）。

国外对港口经济贡献的测算结果主要包括增加值、税收、投资和就业等指标（Bottasso 等，2013），其中增加值是最为关键的指标。国内学者也尝试利用不同方法来计算港口增加值代表港口经济贡献水平：陈贻龙（1999）较早探讨了增加值法，用以衡量港口对 GDP 的贡献；姜超雁和真虹（2012）引入里昂惕夫逆矩阵来估算直接增加值，即将从事直接经济活动的企事业单位的增加值（相关部门增加值乘以转换系数）相加获得；姜超雁和真虹（2013）引入多年时滞投资系数，构建了一种改良后可计算的多年时滞港口经济贡献动态投入产出模型，并运用该模型对上海港的经济贡献进行动态滚动式估算；王斌（2015）探讨了港口增加值的计算方法，并提出了港口增加值的简化算法；朱吉双（2020）采用抽样调查再放样的方法测算国内部分世界一流港口的直接和间接经济贡献（增加值），采用投入产出模型和乘数模型测算波及经济贡献，将国内外典型港口的增加值及就业进行横向对比，并提出提升我国港口经济贡献的建议。

港口经济活动除了对区域经济产生拉动作用，还会对环境造成污染及由此引发的一系列社会问题（Roberts 等，2021）。赵伟娜和王诺（2007）指出现行的港口对城市经济贡献核算体系没有反映其负面作用，导致过高地估计港口对城市的经济贡献。叶宜丹（2013）基于整合后的投入产出模型，以上海港为例实证分析了港口对区域经济的综合贡献率，不仅包括港口对区域经济的正面效应，也包括由于港口活动而产生的废气污染的负面效应。赵黎明和肖丽丽（2014）量化了港口对自然资源的消耗和对环境质量的影响，运用系统动力学方法构建港口经济贡献模型，并应用到天津港对天津市经济贡献的分析中。

2.4 研究述评

笔者通过对相关理论与文献的梳理发现，国内外专家学者分析了港口、港口经济活动及港口产业集聚的内涵，探讨了港口与城市关系的理论、机制及测度，港口经济贡献的内涵、衡量指标及测度，取得了丰富的成果，为本书继续开展我国沿海港口对城市经济贡献的相关研究奠定了扎实的基础。但是从研究视角与研究内容等方面来看，仍存在值得深入探讨的空间。

（1）关于港口内涵及功能的研究。现有港城关系和港口经济贡献的相关研究成果中，大部分都将港口作为单纯的提供货物装卸的场所，将港口吞吐量作为衡量港口发展水平的唯一指标。但是随着港口功能的拓展及产业链的延伸，港口的内涵及功能早已超出装卸、仓储、运输等基本功能，还包括临港产业、商贸物流、现代服务等多种功能。所以本书对港口功能演进及经济活动进行了深入分析，并在分析港城关系和计算港口对城市经济贡献时将港口内涵及范围拓展至港口经济活动范围。

（2）关于港口与城市关系研究。国内外专家学者关于港城关系的研究成果中，大部分采用定性与定量相结合的方式，对单一或某一小范围港口港城关系进行分析。同时受制于港口系统数据获取比较困难（很多数据为系统内部数据，不对外公开发布），研究内容大部分聚焦港城关系机制及简单的数学模型分析，得出的结果对政府和行业指导性不强。因此本书作者利用所在行业优势，建立了系统、科学、全面的港城关系评价指标体系，并采用港城协同度对我国沿海港口与港口城市的关系及演变进行深入分析，得出的结果能够为政府部门制定出台促进我国沿海港口港城关系协调发展的举措提供决策参考。

（3）关于港口对城市经济贡献研究。国外关于港口经济贡献的理论和实证研究总体相对成熟，并且已经广泛地应用于港口和港口城市发展的实践。国内关于港口经济贡献的理论和实证研究起步时间不长，研究成果总体相对薄弱，尤其是在港口经济贡献计算模型和分析方法方面，受制于港口系统数据获取和调查统计测算工作量庞大等因素。国内研究成果更多聚焦单一港口、单一指标和单一分析方法，尚没有形成适合我国沿海港口和港口城市发展需要的港口经济贡献计算模型和分析方法。因此，本书建立了一套适合我国沿海港口发展和管理实际的港口经济贡献计算和分析方法，并对我国沿海典型地区、典型港口经济贡献水平进行实证分析和国内外对比，提出促进我国沿海港口对城市经济贡献提升的措施建议，服务和支撑我国沿海港口和港口城市的高质量发展。

第3章 我国沿海港口对城市经济贡献的机理分析

本章的重点是分析我国沿海港口对城市经济贡献的机理，主要包括我国沿海港口与港口城市关系的机理、我国沿海港口对城市经济贡献的作用机理两个方面。港城关系机理是我国沿海港口对城市经济贡献机理的重要组成，也是研究我国沿海港口对城市经济贡献的理论基础。因此，首先，分析我国沿海港口与港口城市的关系机理；然后，分析我国沿海港口对港口城市经济贡献的作用机理，为后续章节的实证分析奠定扎实的理论基础。

3.1 我国沿海港口与港口城市关系的机理

港城关系作为港口城市发展的主线，贯穿于港口城市发展的整个过程（陈洪波，2010）。纵观全球范围内沿海港口与港口城市之间关系的实践，结合我国沿海港口与港口城市发展实际，可以将我国沿海港口与港口城市关系的机理分为沿海港口与港口城市空间演变机制、沿海港口与港口城市经济互动机制、沿海港口与港口城市及产业融合发展机制以及沿海港口所在城市自增长效应机制。

3.1.1 沿海港口与港口城市空间演变机制

“城依港生、城以港兴、港城共荣”是世界范围内港城关系发展演变的普遍规律（Tom 和 Isabelle, 2013），既揭示了港城关系发展的变迁过程，也揭示了港城关系相互作用的作用机理（见图 3-1），即港口作为贸易天然的换装枢纽，港口的形成和繁荣带动了城市的形成和发展（徐维详和许言庆，

2018)。由于港口天然的地理位置优势，很多城市因港而建、依港而生，随着港口装卸、仓储、加工、运输等业务的不断发展，带动了人流、物流、资金流等在港口及周边集聚，港口城市也因此逐渐发展壮大。随着港口作为运输节点不断向内陆地区延伸，港口的范围和规模不断扩大，依托便捷的城市交通和区位优势，港口临港产业快速发展壮大，港口-城市-产业关系越发紧密，形成工业化的港口城市，同时港口对城市空间和产业布局的要求和依赖更加强烈。随着港口功能不断拓展，大型港口逐渐成为国际或区域性航运中心，港口城市经济、贸易、产业和航运国际影响力也逐步提升，从城以港兴逐步进入到港城和谐共生的发展阶段。与此同时，港口和城市的同步快速发展，带来了港口和城市在资源分配、交通拥堵、环境污染、安全事故等方面的矛盾，港城关系发展更加注重向相互协调、相互平衡的方向发展。港口根据城市发展的需要，一方面拓展服务功能，不断向多元化、高质量的方向发展，另一方面将城市岸线转换为城市功能区，实现港城和谐共荣发展。

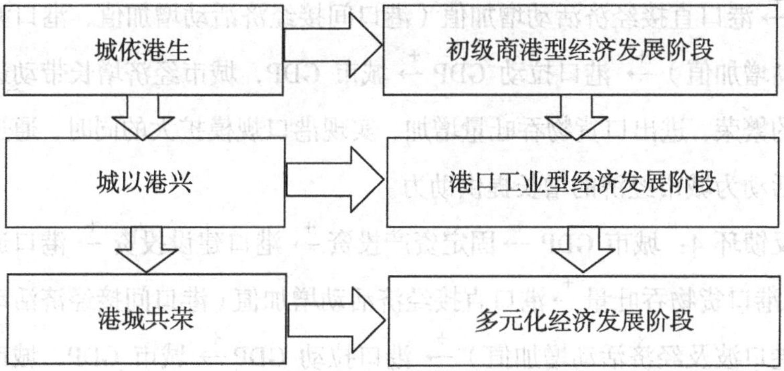

图 3-1 港城关系空间演进过程

3.1.2 沿海港口与港口城市经济互动机制

沿海港口与港口城市之间有着紧密的互动关系，主要表现在城市经济对港口的推动效应（即港口城市产生运输需求，运输需求促进港口基础设施建设）和港口对城市经济的拉动效应（港口运输降低贸易成本，增加贸易总量，优化产业结构）两个方面（Li 和 Li，2020）。因果关系（见图 3–2）清晰地反映了沿海港口与城市经济发展的相互影响关系，按照不同的分类方式可以有不同的反馈环，按反馈作用可以分为正反馈环和负反馈环，按反馈路径可以分为港口经济对城市经济的影响和城市经济对港口经济的影响等（郭振峰，2016；Cheung 和 Yip，2011），主要反馈环如下：

反馈环 1：港口货物吞吐量 $\xrightarrow{+}$ 港口直接经济活动增加值（港口间接经济活动增加值、港口波及经济活动增加值）$\xrightarrow{+}$ 港口拉动 GDP $\xrightarrow{+}$ 城市 GDP，这是港口经济活动对城市经济带来的最直接影响，体现了港口经济活动对城市经济的重要作用。

反馈环 2：港口货物吞吐量 $\xrightarrow{+}$ 港口营业收入 $\xrightarrow{+}$ 港口投资规模 $\xrightarrow{+}$ 港口建设投资 $\xrightarrow{+}$ 港口通过能力 $\xrightarrow{+}$ 港区占地面积（港口活动占用港区外土地面积）$\xrightarrow{-}$ 建设用地存量 $\xrightarrow{+}$ 城市 GDP，港口装卸带来的收入用于港口基础设施建设，增强港口自身竞争力，同时增强对城市经济发展的贡献。

反馈环 3：城市 GDP $\xrightarrow{+}$ 对外贸易规模 $\xrightarrow{+}$ 港口吞吐需求 $\xrightarrow{+}$ 港口货物吞吐量 $\xrightarrow{+}$ 港口直接经济活动增加值（港口间接经济活动增加值、港口波及经济活动增加值）$\xrightarrow{+}$ 港口拉动 GDP $\xrightarrow{+}$ 城市 GDP，城市经济增长带动进出口贸易的繁荣，进出口货物吞吐量增加，实现港口规模扩大的同时，通过港口经济活动为城市经济的增长提供助力。

反馈环 4：城市 GDP $\xrightarrow{+}$ 固定资产投资 $\xrightarrow{+}$ 港口建设投资 $\xrightarrow{+}$ 港口通过能力 $\xrightarrow{+}$ 港口货物吞吐量 $\xrightarrow{+}$ 港口直接经济活动增加值（港口间接经济活动增加值、港口波及经济活动增加值）$\xrightarrow{+}$ 港口拉动 GDP $\xrightarrow{+}$ 城市 GDP，城市经济的发展带动固定资产投资的增加，对港口建设投资的重视，使得港口经济活动范围扩大、规模提升，最后进一步促进城市经济的增长。

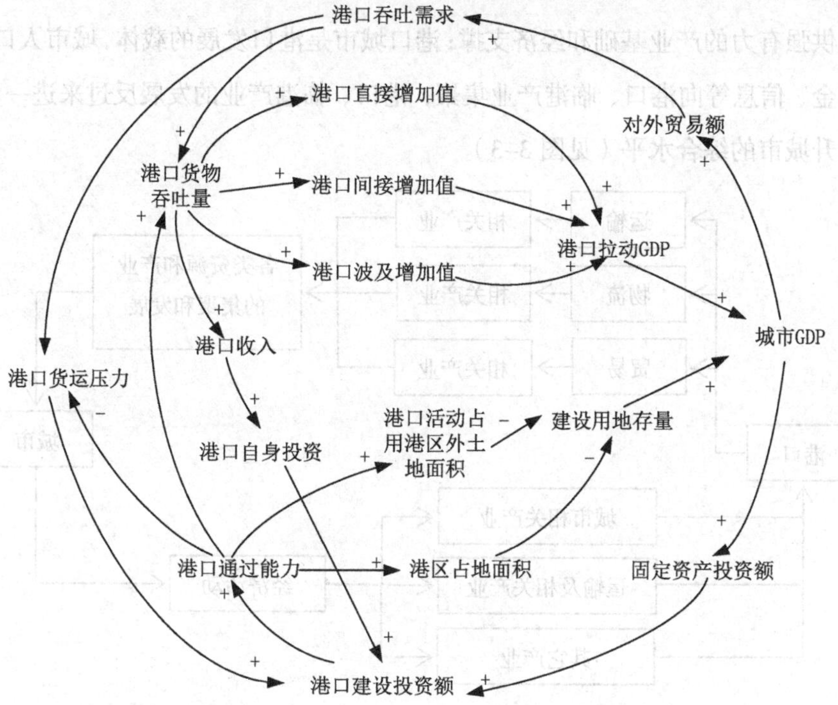

图 3-2 沿海港口与城市经济因果关系

资料来源：作者整理绘制

3.1.3 沿海港口与城市及产业融合发展机制

随着港口功能的不断拓展以及港口城市工业化进程对港口依赖程度的不断加深，传统港城关系的发展已经离不开产业的重要作用，港口-产业-城市已经成为融合发展的整体。纵观目前国内外理论界对港产城融合发展的研究，将港产城融合发展内涵归纳为：以港口为龙头、产业为核心、港口城市为载体，依托海陆腹地和综合运输体系，开展生产力布局，发展港口枢纽经济，实现港口、产业、城市三大要素之间的有机结合、协调互动、共同发展，形成经济繁荣、宜居乐业的港口城市（朱善庆等，2016）。从港口、产业和城市发展的互动关系来看，港口为城市和产业发展提供运输和仓储等服务；产业发展为港口提供充足的货源保障，推动港口进一步的发展，为城市提供强有力的产业基础和经济支撑；港口城市是港口发展的载体，城市人口、资金、信息等向港口、临港产业集聚，港口、临港产业的发展反过来进一步提升城市的综合水平（见图 3–3）。

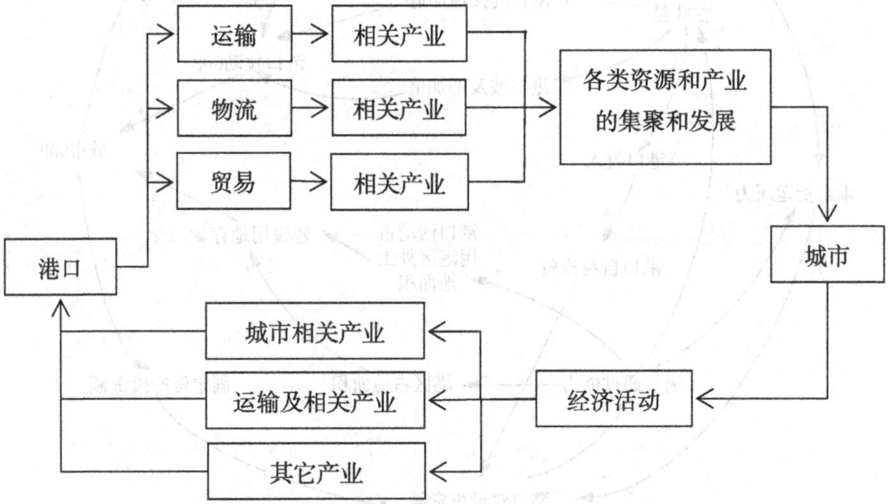

图 3–3　港口–产业–城市互动发展关系

3.1.4 沿海港口所在城市自增长效应机制

纵观全球范围内沿海港口与所在城市的发展历程，可以发现几乎所有的沿海港口与所在城市之间都经过了十分紧密的发展阶段。近年来，部分港口城市通过城市产业的快速转型升级，港口城市发展到一定水平以后，自身通过循环和累积，就能促进城市继续发展（Fujita 和 Mori，1996）。比较有代表性的有纽约、伦敦等港口城市，其发展主要依托金融、地产等现代服务业的发展，但这种效应很难成为港口城市继续发展的强劲动力，还必须寻求其他动力才能实现城市发展新的飞跃。同时，即使在部分城市出现了港城关系分离的现象，港口对城市经济的贡献依然保持在一定的水平，只是占城市总的经济规模比重不断下降。针对这类港口城市，可以通过港口功能的调整和港口的转型升级，来实现港城联动带动城市经济的新一轮增长；也可以通过大力发展其他产业获取新的驱动力，实现城市经济新的飞跃。此外，从理论上来看，部分专家也提出由于某种原因导致港口能力下降，或是港口城市受自然条件、区位条件或区域发展政策等因素影响，港口城市的经济实力逐步萎缩，导致人流、物流、信息流、资金流等逐渐向相邻城市或其他城市转移，导致港口与港口城市逐渐消亡（张萍等，2006）。

3.2 我国沿海港口对城市经济贡献的作用机理

在对我国沿海港口与港口城市关系机理分析的基础上，发现我国沿海港口与港口城市之间有着十分紧密的联系。本节进一步分析我国沿海港口对港口城市经济贡献的作用机制，主要包括沿海港口对港口城市经济发展的传导机制、沿海港口与港口城市产业的联动发展机制、沿海港口对港口城市的内外双向辐射机制以及沿海港口对港口城市经济增长的提升机制。

3.2.1 沿海港口对港口城市经济发展的传导机制

由于“城依港生、城以港兴、港城共荣”是世界范围内港城关系发展的普遍规律，也是我国沿海港口与港口城市发展的演变过程，港口经济一般先于城市经济快速发展，在一定范围内形成相当规模的港口产业集聚区（临港产业集群），率先成为城市经济发展的增长极，同时带动城市经济的快速发展（Shan 等，2014；Lugt 等，2014）。在港口产业集聚区（临港产业集群）内部，港口装卸、仓储、运输、物流等港口共生产业会优先发展起来；随着临港产业规模的不断扩大，修造船、石油化工、加工制造等港口依存产业会逐步发展壮大，并且为港口发展输送源源不断的货源；随着临港产业的不断发展，港口与城市经济实现深度融合，港口金融、保险、咨询、信息、旅游、娱乐等关联产业也快速发展，临港产业占城市经济的比重不断提升（见图 3-4）。以天津港所在的天津滨海新区为例，天津滨海新区作为天津港临港产业的主要分布地，随着港口功能的不断拓展和临港产业规模的不断扩大，临港产业占整个城市经济比重已超过 50%。

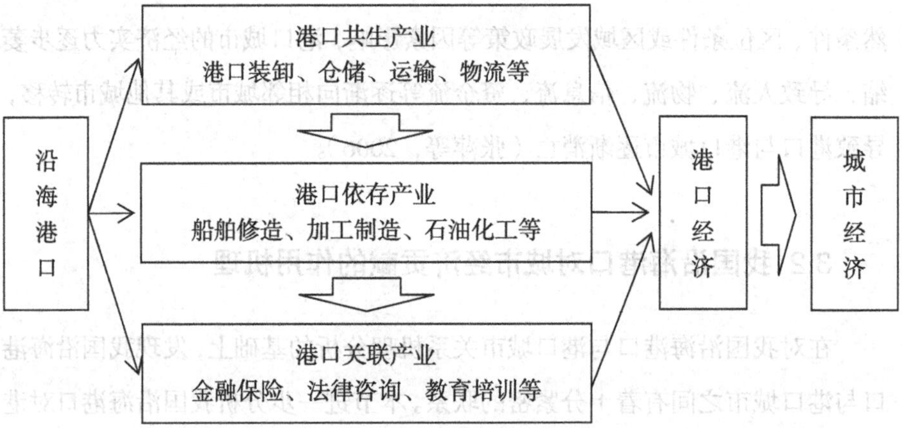

图 3-4　沿海港口对港口城市经济发展的传导机制

3.2.2 沿海港口与港口城市产业发展的互动机制

纵观全球港口和城市产业发展的经验，随着港口经济的不断发展，港口对城市经济的影响不仅体现在对城市经济增长的促进作用方面，还会促进和倒逼城市产业的转型升级（李翔，2021）。当港口以传统的装卸、仓储、运输、物流等为主业时（第一代港口），港口城市的产业发展也停留在相对初级的发展阶段，城市经济发展对港口功能拓展没有提出更多的要求；当港口临港产业开始大规模兴起（第二代港口），临港加工制造、石油化工等产业快速发展时，要求城市尽可能向临港产业上下游产业拓展，为临港产业提供更多的产业配套，这也是很多临港产业入驻沿海港口时对港口城市的综合考量；临港产业逐步向现代服务业方向拓展（第三代港口），对城市金融保险、信息咨询、教育培训、交旅融合等产业提出了更高的要求，要针对港口用户形成专门的细分产业。因此，港口经济活动范围扩大、功能转型升级的过程实际上也是城市产业规模扩大、产生转型升级的过程，只是两者在产业发展过程中会有一定的先后关系直至形成产业深度互动（郑建平，2021）。

3.2.3 沿海港口对港口城市的双向辐射机制

港口是交通运输枢纽，也是城市对外经济贸易发展的重要窗口，我国90%以上的国际贸易和 50%以上的国内贸易通过水运完成。随着港口产业和城市产业的深入互动发展，城市的经济和社会活动集聚到一定程度时，就需要通过交通与外界建立广泛的经贸和社会网络（张蒙，2021）。港口凭借水运天然具有的运量大、运价低、辐射范围广和安全环保等先天优势，成为城市甚至某一区域经济和社会活动与外部联系的重要节点和首选方式。每天都有大量的人流、物流、资金流和信息流等通过港口与外界进行不停交换尤其是疫情在全球的不断蔓延期间，民航、公路、铁路等运输方式都受到很大的冲击，水运在保障城市经济正常运转和对外交流中的作用更加凸显。城市发展可充分利用港口内外双向的辐射力，主要包括三个层次：即港口所在城市、港口通过各种集疏运方式联系的内陆地区和港口通过航线连接的全球服务网络。图 3–4 至图 3–6 完整地反映了我国沿海港口对城市经济贡献的作用机制。

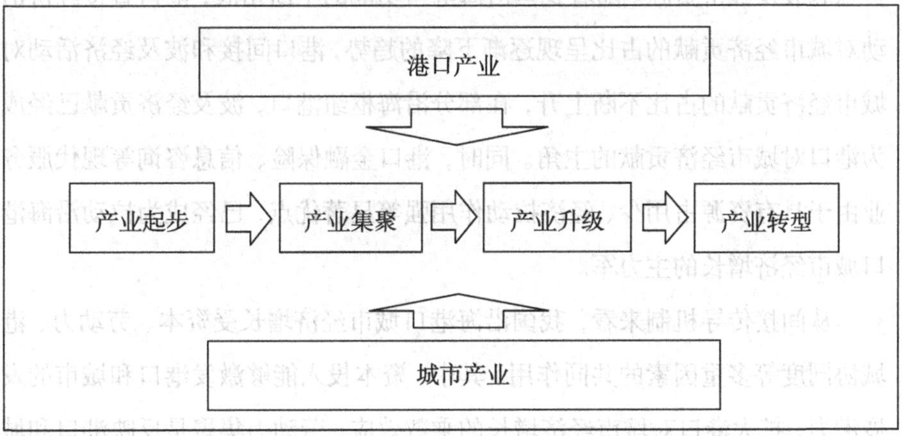

图 3–5 沿海港口与所在城市产业发展的互动机制

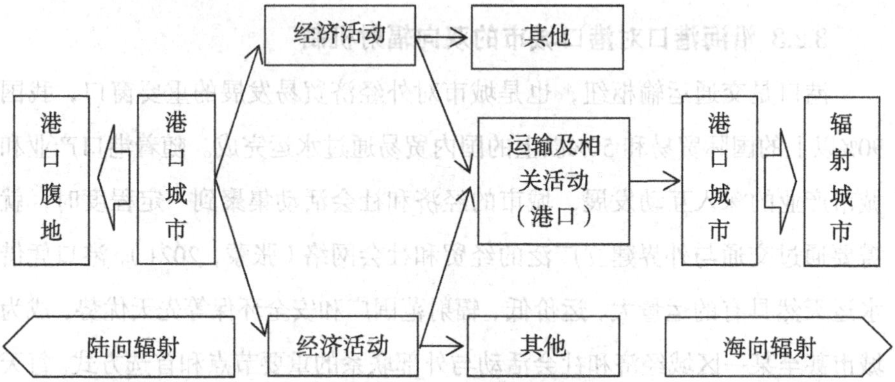

图 3-6　沿海港口对港口城市的双向辐射机制

3.2.4 沿海港口对港口城市经济增长的提升机制

沿海港口对城市经济的增长可以通过沿海港口经济活动直接传导至国民经济，也可以通过沿海港口和港口城市之间关系的互动，实现港城协调发展间接促进国民经济的增长（见图 3-7）。

从直接传导机制来看，港口经济贡献可以分为直接经济贡献、间接经济贡献和波及经济贡献。随着我国沿海港口功能的不断拓展，港口直接经济活动对城市经济贡献的占比呈现逐渐下降的趋势，港口间接和波及经济活动对城市经济贡献的占比不断上升，在部分沿海枢纽港口，波及经济贡献已经成为港口对城市经济贡献的主角。同时，港口金融保险、信息咨询等现代服务业由于具有资源占用少、经济拉动作用强等显著优点，已经成为拉动沿海港口城市经济增长的主力军。

从间接传导机制来看，我国沿海港口城市经济增长受资本、劳动力、港城协同度等多重因素的共同作用。其中，资本投入能够激发港口和城市的发展潜力，扩大港口对城市经济增长的乘数效应；劳动力集聚是反映港口和城市吸引力，促进港口和城市经济高速增长的重要因素；港城协同度代表着港口和城市两个子系统间的协调发展程度，港城协同度对沿海港口城市的经济增长有正向促进作用，但是促进程度因时因港而异。总体而言，对港城关系发展重视程度越高的港口和港口城市，港城协同度对城市经济增长促进作用越大（范厚明，2015）。

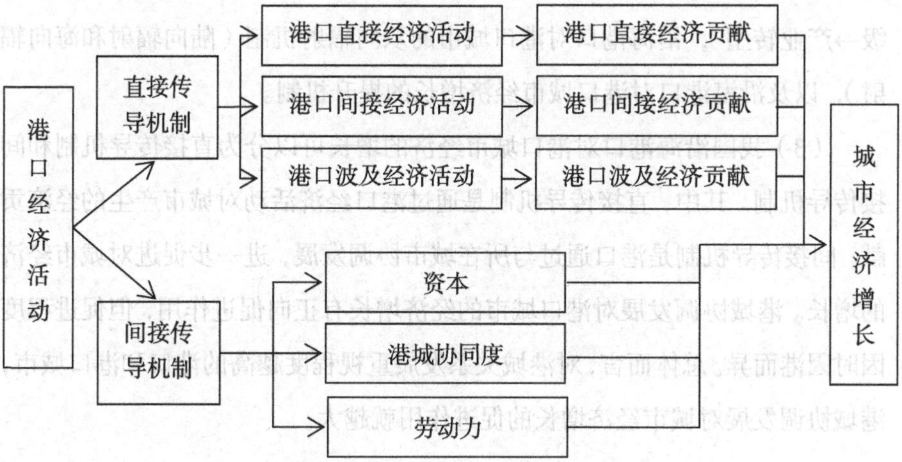

图 3-7 沿海港口经济活动对城市经济增长提升机制

3.3 本章小结

本章分别从我国沿海港口与港口城市关系的机理和沿海港口对城市经济贡献的作用机理两个方面分析我国沿海港口对城市经济贡献的机理。其中，对我国沿海港口与港口城市关系机理的分析，是我国沿海港口对城市经济贡献机理的重要组成部分，也为研究我国沿海港口对城市经济贡献的作用机制奠定了理论前提。本章研究的主要结论如下：

（1）我国沿海港口与港口城市关系密切，港城关系的机理主要包括沿海港口与港口城市空间演变机制（城依港生、城以港兴、港城共荣），沿海港口与港口城市经济互动机制（沿海港口与港口城市经济发展互为因果关系），沿海港口与城市及产业融合发展机制（港口–产业–城市联动发展），以及沿海港口所在城市自增长效应机制（港城关系出现分离或沿海港口与港口城市共同消亡）。

（2）在分析我国沿海港口与港口城市关系机理的基础上，进一步分析我国沿海港口对城市经济贡献的作用机理，主要包括：沿海港口对港口城市经济发展的传导机制（港口→港口经济活动→港口经济贡献），沿海港口与港口城市产业发展的互动机制（港口/城市：产业发展→产业集聚→产业升级→产业转型），沿海港口对港口城市的双向辐射机制（陆向辐射和海向辐射），以及沿海港口对港口城市经济增长的提升机制。

（3）我国沿海港口对港口城市经济的增长可以分为直接传导机制和间接传导机制。其中，直接传导机制是通过港口经济活动对城市产生的经济贡献；间接传导机制是港口通过与所在城市协调发展，进一步促进对城市经济的增长。港城协调发展对港口城市的经济增长有正向促进作用，但促进程度因时因港而异。总体而言，对港城关系发展重视程度越高的港口和港口城市，港城协调发展对城市经济增长的促进作用就越大。

第 4 章　我国沿海港口与港口城市关系实证分析

本章是在我国沿海港口与港口城市关系机理分析基础上开展的实证分析。首先，分析了我国沿海港口与港口城市发展现状及趋势；其次，建立我国沿海港口与港口城市协同关系评价体系，并对我国沿海主要港口港城协同度进行计算和分析；然后，采用 DCI 模型分析我国沿海港口与所在城市的港城关系类型，并采用脉冲响应分析其主要驱动机制；最后，构建生产函数模型，结合面板数据模型，论证港城协调发展对我国沿海港口城市经济增长的作用。

4.1 我国沿海港口与港口城市发展现状及趋势

改革开放以来，我国沿海港口经历了恢复发展、快速发展和高速发展三个典型时期，成了世界港口大国。沿海港口城市在沿海港口快速发展的带动下，也实现了经济、贸易、产业和运输的快速发展。随着全球经济下行及我国经济进入中高速增长新常态，我国沿海港口也进入平稳发展阶段。习近平总书记高度关心和重视港口和港口城市的发展，先后视察了北部湾港、宁波舟山港、上海港、天津港等我国多个沿海港口，并对我国港口行业和港口城市的发展做出了重要指示批示。我国沿海港口与港口城市整体正朝高质量发展的方向不断迈进。

4.1.1 我国沿海港口发展现状及趋势

（1）港口硬件基础设施和技术创新水平持续全球领先

截至 2020 年底，我国沿海港口拥有万吨级及以上泊位 2138 个，较 2019

年同比增加 62 个，位居世界第一位。我国沿海港口大型深水专业化码头泊位加快建设，码头泊位吨级不断提升，码头结构持续优化（见表 4–1），码头能力适度超前，能够满足正常状态下我国国民经济和对外贸易发展的需要。面临俄乌冲突、苏伊士运河拥堵事件、美国港口疫情罢工拥堵事件等突发情况，我国沿海港口也能够保证一定的韧性。我国沿海港口科技创新和服务水平不断刷新，沿海主要港口专业化码头装卸作业效率、百米岸线完成集装箱吞吐量均达到世界领先水平，在深水筑港、河口深水航道建设、深海筑岛、码头装备自动化等技术方面同样保持世界领先。截至 2020 年底，我国已经建成 10 座自动化集装箱码头，并有 7 座自动化集装箱码头在建，已建和在建规模均居世界首位。

表 4–1　我国沿海港口万吨级以上泊位数量及结构变化

泊位吨级	2000 年	2010 年	2015 年	2020 年
合计	651	1343	1807	2138
1 万~3 万吨级（不含 3 万）	437	538	619	672
3 万~5 万吨级（不含 5 万）	105	207	266	313
5 万~10 万吨级（不含 10 万）	90	407	600	725
10 万吨级及以上	19	191	322	428

数据来源：《2020 年交通运输行业发展统计公报》

（2）港口货物吞吐量持续增长但增速逐步放缓

受全球经贸增速放缓、我国港口发展基数较大等因素影响，我国沿海港口货物和集装箱吞吐量增速逐步放缓，我国沿海港口整体由两位数的高速增长进入个位数的中高速增长阶段。2020 年，我国沿海港口完成货物吞吐量 94.80 亿吨，同比增长 3.2%，其中外贸货物吞吐量 40.05 亿吨，同比增长 3.9%；完成集装箱吞吐量 2.34 亿标准箱，同比增长 1.5%。2020 年，全球前 20 大港口中我国占 15 席，全球前 20 大集装箱港口中我国占 9 席（见表 4–2）。根据交通运输部经济运行分析团队权威预测，预计“十四五”时期，我国沿海港口货物吞吐量和集装箱吞吐量将分别保持 2%和 5%左右的中低速增长。

表 4–2　全球前 20 大港口和集装箱港口排名

2020（2019）世界排名	港口	集装箱吞吐量/万标准箱	2020（2019）世界排名	港口	货物吞吐量/万吨
1（1）	上海港	4350	1（1）	宁波舟山港	117240
2（2）	新加坡港	3687	2（2）	上海港	71104
3（3）	宁波舟山港	2872	3（3）	唐山港	70260
4（4）	深圳港	2655	4（5）	广州港	61239
5（5）	广州港	2317	5（6）	青岛港	60459
6（8）	青岛港	2201	6（4）	新加坡港	59074
7（6）	釜山港	2181	7（7）	苏州港	55408
8（9）	天津港	1835	8（8）	黑德兰港	54705
9（7）	香港港	1796	9（9）	天津港	50290
10（11）	鹿特丹港	1434	10（11）	日照港	49615
11（10）	迪拜港	1349	11（10）	鹿特丹港	43680
12（12）	巴生港	1324	12（12）	釜山港	41052
13（13）	安特卫普港	1202	13（13）	烟台港	39935
14（14）	厦门港	1141	14（16）	镇江港	35064
15（18）	丹戎帕拉帕斯港	980	15（14）	大连港	33401
16（15）	高雄港	962	16（15）	南通港	31014
17（17）	洛杉矶港	921	17（17）	黄骅港	30125
18（19）	汉堡港	850	18（18）	泰州港	30111
19（20）	长滩港	811	19（24）	北部湾港	29567
20（23）	纽约/新泽西港	759	20（19）	光阳港	27327

数据来源：交通运输部，国外各港口官网

（3）临港产业发展带动我国沿海港口和港口城市快速发展

随着我国沿海港口的快速发展，港口功能逐步拓展，临港产业范围和规模越来越大，临港产业已经成为我国沿海港口的主要经济活动之一，并且占沿海港口经济活动的比重越来越大。我国沿海天津、宁波等临港产业发达城市，临港产业经济贡献占港口总的经济贡献的比重已经超过50%。天津滨海新区作为天津港临港产业的主要分布地，根据《天津市滨海新区2020年国民经济和社会发展计划执行情况》，2020年滨海新区完成GDP 7808亿元，位列全市第一位、全国新区排名第二位，占天津市当年GDP的55.4%。随着港口功能的不断拓展和临港产业规模的不断扩大，临港产业在港口经济和整个城市经济中占有的比重将逐渐上升，临港产业对城市经济发展的拉动作用将越来越强。

（4）沿海港口主动适应港口城市经济产业运输转型需要

当前，随着我国沿海港口城市经济增速的逐步放缓和产业的不断转型升级，城市对港口的货运需求增速也同步放缓，同时随着基础设施建设、港口运营管理等成本的不断上升，港口面临功能拓展、服务提升和转型升级的现实需求。一方面，沿海港口主动适应港口城市经济和产业转型的需要，为城市提供一站式、高效的港口装卸、仓储等运输服务，从“运得了”向“运得好”转变；另一方面，沿海港口加快拓展港口服务功能，延伸传统服务产业链，大力发展高附加值和现代服务业，提升港口企业经营水平。随着国家大力推进运输结构调整，煤炭、矿石、粮食等大宗物资逐渐从公路向水路、铁路转移，尤其在“碳达峰”“碳中和”战略背景下，未来水运的发展前景十分广阔，需要不断优化水路运输组织，大力发展“海铁联运”“江海直达”等多式联运方式，不断提升港口服务效率和服务水平，促进港口转型升级，提升沿海港口综合质量效益。

（5）港口资源整合加速推进港口企业规模越来越大

2009年4月，广西北海、钦州和防城三港资源整合，组建广西北部湾港，正式拉开了我国沿海港口资源整合的序幕。2015年，原宁波港和原舟山港整合成立宁波舟山港，并成立了浙江省海港集团，以便统一规划、建设和运营全省港口资源。2017 年，交通运输部印发了通知，要求各地因地制宜积极稳妥推进区域港口一体化发展。随后，江苏港口集团、辽宁港口集团、福建港口集团等一批省级港口集团相继成立，港口资源整合步伐明显加快。截至 2020 年底，我国沿海地区除了广东省基本全部完成了省级层面港口资源的整合。2020 年 11 月，习近平总书记在浦东开发开放 30 周年庆祝大会上的讲话指出，要加快同长三角共建辐射全球的航运枢纽，提升整体竞争力和影响力。我国沿海口更高层面、更大范围和更深程度的资源整合正在加快研究和探索。

4.1.2 我国沿海港口城市发展现状及趋势

改革开放以来，我国沿海港口城市在沿海港口快速发展的带动下，先后设立了保税区、出口加工区、综合保税区、自由贸易区、自由贸易港等海关特殊监管区，促进我国沿海港口城市产业集聚和货物等各种要素的进出便利，带动我国沿海港口城市经济、贸易、产业和运输的快速发展。近年来，随着我国沿海港口城市与港口的深度融合发展，沿海港口已经成为地方招商引资、带动地方经济社会发展和拉动地方就业的关键要素。但是，随着人民生活水平的不断提升，安全环保压力的不断加大以及港口资源整合的加速推进等，我国沿海港口城市发展趋势也在发生不同程度的变化。

（1）我国沿海港口城市经济依托港口快速起步和发展

纵观全球发达城市的发展经验，大多都是背靠海洋并且拥有发达的港口。美国的旧金山湾、纽约湾，日本的东京湾和我国的粤港澳大湾区是世界 500 强企业的主要聚集地，也是引领全球技术变革的排头兵、带动全球经济发展的增长极。四大湾区虽然特色鲜明，但是都拥有发达的沿海港口作为支撑。改革开放以来，深圳依托蛇口打响“开山第一炮”，带动深圳经济高速发展，深圳 GDP 从 1979 年的 1.96 亿元，提升至 2020 年的 2.77 万亿元，增长 1.41 万倍，按不变价计算，年均增长率超 20%。随后，为了促进外商投资和我国对外贸易发展，国家先后设立了8个经济特区，这8个特区中除了新疆喀什经济特区和霍尔果斯经济特区外，其余全部位于沿海地区，带动了我国沿海地区经济先发展起来。

（2）我国沿海港口城市经济发展水平明显高于内陆城市

2020年，我国城市经济发展水平排名前20位的城市中，除了北京和郑州两座内陆城市外，其余城市均位于我国沿海/内河地区、拥有港口（不含无水港），并且都拥有发达的水路运输网络，这也充分证明了港口对于我国城市经济发展的重要性（见表4–3）。此外，从2010年至2020年我国沿海港口城市经济发展排名变化来看，我国沿海港口城市经济发展水平总体保持平稳，前20位城市排名中没有特别大的变化，只有部分城市排名有细微的调整。综合来看，我国沿海港口城市经济发展水平总体依然位于我国城市经济发展水平的前列，引领并带动我国城市经济整体的快速发展。

表4–3　我国城市经济发展水平排名（前20名）

2020排名	2019排名	城市	2020年GDP/亿元	名义增速/%	是否位于沿海/内河地区	是否拥有港口
1	1	上海	38700.58	1.43	是	是
2	2	北京	36102.60	2.07	否	是（无水港）
3	3	深圳	27670.24	2.76	是	是
4	4	广州	25019.11	5.88	是	是
5	5	重庆	25002.79	5.92	是	是
6	6	苏州	20170.50	4.86	是	是
7	7	成都	17716.70	4.14	是	是
8	9	杭州	16105.83	4.77	是	是
9	8	武汉	15616.10	–5.66	是	是
10	11	南京	14817.95	5.62	是	是
11	10	天津	14083.73	–0.15	是	是

续表

2020 排名	2019 排名	城市	2020 年 GDP/亿元	名义增速/%	是否位于沿海/内河地区	是否拥有港口
12	12	宁波	12408.70	3.53	是	是
13	14	青岛	12400.56	5.61	是	是
14	13	无锡	12370.48	4.37	是	是
15	16	长沙	12142.52	4.91	是	是
16	15	郑州	12003.00	3.57	否	是（无水港）
17	17	佛山	10816.47	0.61	是	是
18	18	泉州	10158.66	2.13	是	是
19	20	济南	10140.91	7.39	是	是
20	21	合肥	10045.72	6.76	是	是

数据来源：国家统计局年度经济统计数据库

（3）我国沿海港口城市经济增速放缓将逐渐被内陆地区超越

受西部大开发、成渝经济圈建设等国家战略的带动，我国内陆地区承接了大量的沿海地区产业转移，同时凭借内陆地区资源丰富、人力成本较低等优势，产业集聚和经济发展增速显著加快。根据国家统计局公布的统计数据，2010年至2020年，我国城市经济增速前十名的城市的GDP平均增速为21.9%（见表 4–4），远高于同期我国国民经济 9.7%的平均增速。2010 年至 2020 年在我国城市经济增速前十名城市中，除福州和厦门外，全部为内陆城市，其中排名第一的贵阳市属于中西部的贵州省，既不在沿海地区也无规模以上港口。2013 年以来，在大数据产业尚未形成垄断、整个行业处于竞相布局阶段的背景下，贵阳市紧盯技术前沿，以大数据为引领，构建现代产业体系，带动经济高速增长。未来，随着沿海地区城市经济增速逐渐放缓，内陆地区城市发展特色和优势将进一步凸显，部分内陆地区城市经济发展仍将保持高速增长。

表 4-4　2010—2020 年我国城市经济增速（前 10 名）

排名	城市	2020 年 GDP/亿元	2010 年 GDP/亿元	名义增速/%
1	贵阳	4311.7	1121.8	284
2	合肥	10045.7	2701.6	272
3	昆明	6733.8	2134.9	215
4	西安	10020.4	3195.1	214
5	重庆	25002.8	8065.3	210
6	福州	10020.0	3242.7	209
7	成都	17716.7	5889.5	201
8	郑州	12003.0	4029.3	198
9	厦门	6384.0	2149.1	197
10	武汉	15616.1	5458.4	186

数据来源：国家统计局年度经济统计数据库

（4）港口城市经济结构不断优化，产业加速转型升级

随着我国经济社会逐渐进入高质量发展阶段，国家大力鼓励和支持沿海城市产业转型升级，积极承接国际高端产业转移，大力发展现代服务业和高新技术产业，推动传统产业向中西部地区转移。同时，重点针对全国老工业城市和资源型城市探索建设 20 个产业转型升级示范区，带动全国老工业城市和资源型城市转型升级。根据国家统计局统计，我国第三产业发展迅速，已经成为带动经济增长、吸纳就业人员的主要力量（见表 4-5）（尹伟华，2021）。我国第三产业规模和占比靠前的城市大部分都位于沿海港口城市，其中上海、广州、海口、三亚等沿海港口城市第三产业占当地城市 GDP 的比重超过 70%，天津、厦门、青岛、深圳等沿海港口城市第三产业占当地城市 GDP 的比重也超过了 60%。未来，在产业转型升级、新型城镇化和居民消费品质升级等背景下，第三产业在经济发展中的作用将更加凸显，沿海港口城市将成为我国第三产业发展的主力军。

表 4-5　我国三次产业结构演变及主要阶段特征

年份	第一产业	第二产业	第三产业	主要阶段特征
1978	27.7	47.7	24.6	“二一三”格局
1985	27.9	42.7	29.4	“二三一”格局（第三产业规模超过第一产业）
2012	9.1	45.4	45.4	“三二一”格局（第三产业规模超过第二产业）
2019	7.1	39.0	53.9	“三二一”产业格局更加巩固
2020	7.7	37.8	54.5	受新冠疫情影响，轻微调整

数据来源：国家统计局年度经济统计数据库

（5）港口资源整合导致我国沿海港口港城关系发展出现分化

港口是城市经济和对外开放的门户，也是港口城市发展的重要战略性资源。港口资源整合的初衷是面临港口遍地开花的建设趋势导致的港口间相互恶性竞争、港口经济效益下滑等背景，通过整合提高我国港口资源利用效率，减少港口资源浪费，促进港口间分工协作，提升港口企业整体经济效益。从我国港口资源整合的整体效果来看，大部分地区的港口都基本达到了预期的效果，但是也出现了由于港口资源整合的推进，降低了地方政府对港口发展的热度和重视程度等负面效应。例如，自 2019 年招商局集团收购辽宁港口集团以来，大连港吞吐量和集装箱吞吐量逐年快速下降（见图 4-1），港口吞吐量与临港产业发展速度放缓（郭建科，2021），相关政府部门对大连港发展的重视和投入也大不如前（翟津怡，2021）。未来，随着我国沿海港口资源整合的进一步推进，我国沿海港口港城关系发展将面临新的更大的挑战。

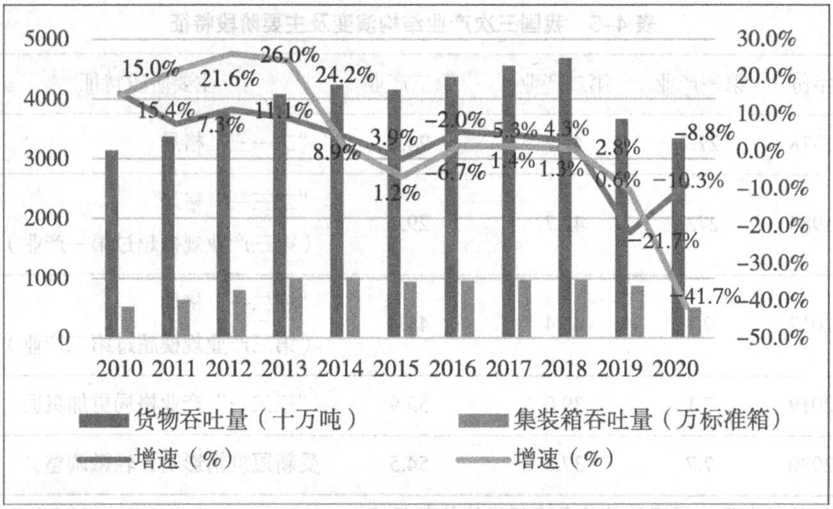

图 4-1　2010 年以来大连港货物和集装箱吞吐量

数据来源：交通运输部

4.2 我国沿海港口与港口城市关系分析测度

随着全球经贸和港口发展增速的逐步放缓，港口和城市经济、产业、运输结构的转型升级，港口资源整合和港区功能调整步伐的不断推进（李兴湖，2021），以及城市对交通拥堵、安全环保、民生等要求的不断提高（海德俊等，2019；贾大山和蔡鹏，2020），我国沿海港口与所在城市之间的关系正在发生悄然改变（邓昭等，2021；王娇娥等，2021）。采用协同度模型和 DCI 模型分析我国沿海港口与所在城市之间的协同演变关系，以及我国沿海港口与所在城市之间港城关系类型，已经得到行业专家和学者的一致认可（王选飞等，2020；李南等，2022），并且能够很好地指导我国沿海港口与港口城市港城关系的健康发展。本节在现有研究成果基础上，构建了适合我国沿海港口和港口城市发展实际的港城关系评价指标体系，通过协同度模型和 DCI 模型相结合的方式，深入分析了我国沿海港口与所在城市之间港城关系的发展演变历程和港城关系类型。

4.2.1 我国沿海港口与港口城市关系测度方法

（1）构建港口和城市协同度评价指标体系

港口和城市都是由数量众多的变量构成的复杂系统，各系统要素之间的相互作用非常复杂（Zha 等，2022）。借鉴已有研究成果，坚持代表性、系统性和可操作性原则，分别选取了 12 个能够代表港口、城市发展水平的指标，对港口系统指标的选取不仅考虑了现有研究成果中普遍采用的港口吞吐量指标，还首次加入了能反映港口装卸效率的百米岸线吞吐量指标，能反映港口干线和船舶大型化水平的进出港船舶平均吨位指标，能反映港口货值和功能水平的集装箱吞吐量指标，以及能反映港口综合管理水平的船舶在港停时等指标，综合反映了我国沿海港口的经济活动水平，对城市系统指标的选取，与现有研究成果中对指标的选取基本趋同，共同构建了我国沿海港口和城市协同度评价指标体系（见表 4–6）。

表 4–6　我国沿海港口和城市协同度评价指标体系

目标层	约束层	指标层
港城协同度	港口系统	生产用码头泊位码头长度、生产用码头泊位数量、港口生产用堆场总容量、货物吞吐量、外贸货物吞吐量、集装箱吞吐量、外贸集装箱吞吐量、百米岸线吞吐量、进出港船舶艘数、进出港船舶平均吨位、船舶在港时间（外贸船）、船舶在港时间（内贸船）
	城市系统	国内生产总值、工业总产值、三二产业产值比、总人口、人均国内生产总值、全社会固定资产投资、货物进出口总额、实际利用外商直接投资金额、城市一般公共预算收入、城镇居民人均可支配收入、社会消费品零售总额、城市货运量

注：1. 船舶在港时间为负向指标，其余指标为正向指标。

2. 数据来自 2001—2021 年各市《城市统计年鉴》《国民经济和社会发展统计公报》和《全国交通运输统计资料汇编》。

（2）熵权法与协同度模型

将港城复合系统看作一个整体，港口和城市则是构建这个整体的两个子系统。设 S_i，$i \in [1,2]$ 分别是港城复合系统下的港口系统和城市系统。在其发展的过程中，每个子系统都是由 12 个序参量反映，序参量可用 $a_i=(a_{i1},a_{i2},\ldots,a_{in})$ 表示。

本节的计算过程可分为熵权法、序参量对子系统的贡献度、港口和城市两个子系统的协调度以及港城复合系统协同度四个部分：第一部分选用熵权法对港城两个子系统的有序度进行测定，依次对原始数据进行标准化处理、计算序参量的熵值和熵权；第二部分运用线性加权求和的方法计算各序参量对子系统的总贡献；第三部分利用耦合度函数测算港口和城市两个子系统的协调度；第四部分通过协同度模型测算港城复合系统协同度。

① 熵权法。熵权法是一种客观赋权方法，不受人为主观因素的影响，通过计算各个指标的权重，为多指标综合评价提供依据。熵权法的计算步骤如下：

若每个序参量包含 t 个样本，其中 x_{jl} 为序参量分量 j 的第 l 个样本的数值，为消除不同量纲对原始数据的影响，对原始数据 x_{jl} 进行标准化处理，公式如下：

$$x_{jl}^{'}=\begin{cases}\dfrac{x_{jl}}{\max x_{jl}}\text{正向}\\[2ex]\dfrac{\min x_{jl}}{x_{jl}}\text{负向}\end{cases}\quad(j=1,2,\ldots,n;l=1,2,\ldots,t)\qquad(4\text{–}1)$$

上式中，$x_{jl}^{'}$ 为进行标准化处理后的数据；$\max x_{jl}$ 为正向指标 j 的理想值；$\min x_{jl}$ 为负向指标 j 的理想值。

计算序参量的熵值，公式如下：

$$p_j=-\frac{1}{\ln(t)}\sum_{l=1}^{t}F_{jl}\ln F_{jl}\qquad(4\text{–}2)$$

上式中，p_j 为熵值；t 为时间长度；$F_{jl}=\dfrac{x_{jl}^{'}}{\sum_{l=1}^{t}x_{jl}^{'}}$。

计算各个序参量的熵权，公式如下：

$$\lambda_j = \frac{1-p_j}{n-\sum_{j=1}^{n} p_j} \tag{4-3}$$

上式中，λ_j为熵权；P_j为熵值。

② 序参量对子系统的贡献度。采用最大最小值法对原始序参量值进行无量纲化处理，公式如下：

$$u_i(a_{ij}) = \begin{cases} \dfrac{a_{ij}-b_{ij}}{c_{ij}-b_{ij}}, j \in [1,k] \text{正向指标} \\ \dfrac{c_{ij}-a_{ij}}{c_{ij}-b_{ij}}, j \in [k+1,n] \text{负向指标} \end{cases} \tag{4-4}$$

上式中，$u_i(a_{ij})$为进行无量纲化处理后的数据，取值范围为[0,1]；a_{ij}是序参量的原始值，$b_{ij} \le a_{ij} \le c_{ij}$，$j=1,2,\ldots,\mathrm{n}$，$1 \le n \le 12$，$n \in N^*$；$b_{ij}$、$c_{ij}$为系统稳定临界点上序参量分量的上限和下限，分别取序参量分量最小值的 90%和最大值 110%。

钟铭等（2011）利用功效函数求得序参量对相应子系统的贡献度。序参量对子系统的贡献，与序参量的数值大小有关。序参量数值越大，其对子系统的有序度贡献越大。此处采用线性加权求和的方法计算各个序参量对子系统的总贡献，公式如下：

$$u_i(a_i) = \sum_{j=1}^{n} \lambda_j u_i(a_{ij}), \lambda_j \ge 0, \sum_{j=1}^{n} \lambda_j = 1 \tag{4-5}$$

其中，$u_i(a_i)$是序参量对子系统的总贡献；$u_i(a_{ij})$是各序参量在子系统中的贡献度，通过功效函数计算得到；λ_j是各个序参量的熵权，通过熵权法计算得到。

③ 港口和城市两个子系统的协调度。范厚明等（2015）以耦合协调模型为基础，研究了港口与城市的协调发展关系。本节利用耦合度函数测算两个子系统的协调度，公式如下：

$$C = 2\sqrt{\frac{u_1(a_1)\mathrm{u}_2(a_2)}{[u_1(a_1)+u_2(a_2)]^2}} \tag{4-6}$$

其中，C 为协调度，取值范围为（0,1），越趋近于 1，表明两系统之间的发展状态越相近，协调度越高；$u_1(a_1)$、$u_2(a_2)$ 分别为港口系统和城市系统的有序度。

④ 港城复合系统协同度。为反映出港口与城市两个子系统的整体功效与协同效应，在公式（4–6）的基础上建立复合系统的协同度模型，公式如下：

$$D=\sqrt{C\times F} \tag{4–7}$$

上式中，D 为复合协同度指数，取值范围为（0,1），D 值越趋近于 1，表明港口和城市两系统之间协调发展程度越高，两系统处于良性发展、互相促进的发展状态。F 为港口与城市两个子系统的综合调和指数，反映了两子系统的整体协同效应，$F=[u_1(a_1)+u_2(a_2)]/2$。

（3）DCI 模型

本节借用 DCI 模型判断沿海 20 个港口城市的港城关系类型。DCI 模型用于研究港口增长与城市经济增长之间的相互关系，以及港口增量对于城市经济的重要程度。其公式如下：

$$D_e=\left(\sqrt[n-1]{\frac{T_n}{T_1}}-1\right)\Bigg/\left(\sqrt[n-1]{\frac{C_n}{C_1}}-1\right) \tag{4–8}$$

$$D_i=\left(\frac{T_n-T_1}{(n-1)\times\sum_{i=1}^{n}T_i}\right)\Bigg/\left(\frac{C_n-C_1}{(n-1)\times\sum_{i=1}^{n}C_i}\right) \tag{4–9}$$

$$DCI=\alpha D_e+\beta D_i \tag{4–10}$$

其中，DCI 表示港口活动的增长情况对城市经济发展的重要程度，De 为港城发展弹性系数，D_i 为港城增量相对集中度指数。Tn 为研究期内第 n 年的港口货物吞吐量，T_1 为第一年的货物吞吐量。C 表示城市的地区生产总值，C_n 和 C_1 的含义同 Tn 和 Ti。α 为港城发展弹性系数的系数，取 $\alpha=0.6$；β 为港城增量相对集中度指数的系数，取 $\beta=0.4$。若 $DCI>1$，表示该城市属于港口驱动型港口城市；若 $DCI<1$，表示该城市属于城市驱动型港口城市；若 $DCI=1$，则表明港城关系处于一种平衡状态。

4.2.2 我国沿海港口与港口城市关系结果分析

（1）我国沿海港口港城协同度的时空变化及演化特征

① 协同度等级划分标准。结合现有相关研究成果（Heijman 等，2017；郭建科，2015）和行业实践，为了能够清晰地反映港口和城市的协调发展程度，对港城复合系统协同发展阶段的划分作出如下规定（见表 4–7），将协同度[0,1]划分为 4 个等级。

表 4–7　港城复合系统协同发展阶段划分规定

协同度值	[0,0.3]	（0.3,0.5]	（0.5,0.8]	（0.8,1]
协同发展阶段	低度协调发展阶段	中度协调发展阶段	高度协调发展阶段	极度协调发展阶段

② 确定熵权。根据公式（4–1）至（4–3），可以计算得到沿海港口与港口城市两个子系统各指标的熵权，结果如表 4–8 所示。

表 4–8　港口与城市两子系统各指标的熵权

港口系统指标名称	熵权	城市系统指标名称	熵权
生产用码头泊位码头长度	0.0545	国内生产总值	0.1044
生产用码头泊位数量	0.0719	工业总产值	0.0830
港口生产用堆场总容量	0.0871	三二产业产值比	0.0183
货物吞吐量	0.0702	总人口	0.0226
外贸货物吞吐量	0.0993	人均国内生产总值	0.0478
集装箱吞吐量	0.1430	全社会固定资产投资	0.0894
外贸集装箱吞吐量	0.1906	货物进出口总额	0.1474

续表

港口系统指标名称	熵权	城市系统指标名称	熵权
百米岸线吞吐量	0.0249	实际利用外商直接投资金额	0.1227
进出港船舶艘数	0.1288	城市一般公共预算收入	0.1549
进出港船舶平均吨位	0.0551	城镇居民人均可支配收入	0.0349
船舶在港时间（外贸船）	0.0406	社会消费品零售总额	0.1059
船舶在港时间（内贸船）	0.0341	城市货运量	0.0686

③ 计算协同度。根据 20 个沿海主要港口和城市 2000—2020 年的统计数据，利用公式（4–4）和公式（4–5），计算各个序参量对港口与城市两个子系统的总贡献，将所求的数据再代入公式（4–6）和分式（4–7），计算港城复合系统协同度（见表 4–9、图 4–2）。

表 4–9　港城复合系统协同度（D 值）

年份	大连	营口	秦皇岛	天津	烟台	青岛	日照	上海	连云港	宁波舟山
2000	0.310	0.279	0.334	0.237	0.222	0.227	0.271	0.260	0.257	0.263
2001	0.324	0.265	0.371	0.267	0.316	0.250	0.277	0.275	0.287	0.282
2002	0.353	0.271	0.386	0.302	0.317	0.296	0.292	0.314	0.325	0.299
2003	0.394	0.318	0.416	0.340	0.338	0.347	0.315	0.371	0.336	0.348
2004	0.475	0.359	0.466	0.408	0.380	0.402	0.325	0.429	0.374	0.398
2005	0.500	0.415	0.487	0.459	0.438	0.445	0.363	0.480	0.428	0.454
2006	0.579	0.491	0.542	0.508	0.490	0.482	0.396	0.528	0.464	0.499
2007	0.596	0.540	0.611	0.572	0.545	0.543	0.432	0.583	0.521	0.549
2008	0.636	0.548	0.659	0.612	0.592	0.602	0.494	0.654	0.569	0.589
2009	0.654	0.570	0.642	0.620	0.599	0.604	0.512	0.652	0.603	0.596
2010	0.707	0.680	0.696	0.673	0.658	0.655	0.575	0.702	0.683	0.646

续表

年份	大连	营口	秦皇岛	天津	烟台	青岛	日照	上海	连云港	宁波舟山
2011	0.751	0.739	0.718	0.730	0.695	0.704	0.612	0.738	0.737	0.694
2012	0.782	0.783	0.722	0.774	0.722	0.724	0.670	0.755	0.782	0.719
2013	0.828	0.827	0.735	0.815	0.750	0.749	0.689	0.774	0.797	0.748
2014	0.839	0.857	0.755	0.847	0.773	0.769	0.710	0.795	0.815	0.769
2015	0.805	0.845	0.779	0.860	0.789	0.770	0.714	0.811	0.822	0.786
2016	0.805	0.808	0.789	0.853	0.804	0.804	0.776	0.828	0.816	0.799
2017	0.836	0.778	0.814	0.849	0.847	0.841	0.797	0.856	0.834	0.837
2018	0.851	0.803	0.795	0.849	0.844	0.861	0.835	0.878	0.845	0.872
2019	0.837	0.768	0.787	0.877	0.887	0.899	0.884	0.894	0.865	0.897
2020	0.788	0.750	0.786	0.873	0.896	0.903	0.874	0.900	0.863	0.910
2000	0.261	0.249	0.242	0.231	0.194	0.257	0.360	0.221	0.249	0.255
2001	0.305	0.266	0.262	0.285	0.232	0.282	0.406	0.282	0.270	0.291
2002	0.340	0.284	0.293	0.391	0.280	0.309	0.365	0.265	0.283	0.291
2003	0.378	0.344	0.326	0.385	0.328	0.367	0.415	0.317	0.297	0.327
2004	0.412	0.393	0.370	0.444	0.389	0.415	0.418	0.354	0.321	0.382
2005	0.442	0.430	0.409	0.496	0.456	0.447	0.451	0.384	0.347	0.433
2006	0.471	0.473	0.476	0.540	0.504	0.494	0.502	0.422	0.359	0.470
2007	0.497	0.507	0.536	0.596	0.542	0.564	0.518	0.463	0.401	0.514
2008	0.536	0.530	0.578	0.634	0.575	0.563	0.558	0.490	0.452	0.560
2009	0.548	0.550	0.587	0.622	0.598	0.581	0.597	0.533	0.517	0.586
2010	0.574	0.619	0.645	0.685	0.659	0.626	0.665	0.585	0.563	0.627
2011	0.633	0.654	0.697	0.717	0.709	0.676	0.715	0.630	0.630	0.667
2012	0.659	0.710	0.733	0.742	0.742	0.673	0.743	0.658	0.691	0.664
2013	0.685	0.747	0.760	0.765	0.764	0.741	0.774	0.700	0.706	0.707
2014	0.701	0.784	0.795	0.772	0.791	0.772	0.804	0.739	0.760	0.694

续表

年份	温州	福州	厦门	深圳	广州	珠海	汕头	湛江	北部湾	海口
2015	0.711	0.782	0.820	0.783	0.812	0.778	0.809	0.749	0.776	0.715
2016	0.746	0.804	0.835	0.797	0.827	0.796	0.822	0.807	0.791	0.724
2017	0.771	0.839	0.852	0.834	0.859	0.850	0.862	0.844	0.840	0.758
2018	0.802	0.872	0.871	0.849	0.880	0.864	0.860	0.859	0.857	0.823
2019	0.839	0.899	0.891	0.873	0.910	0.874	0.844	0.877	0.877	0.817
2020	0.874	0.892	0.906	0.900	0.912	0.864	0.864	0.888	0.893	0.849

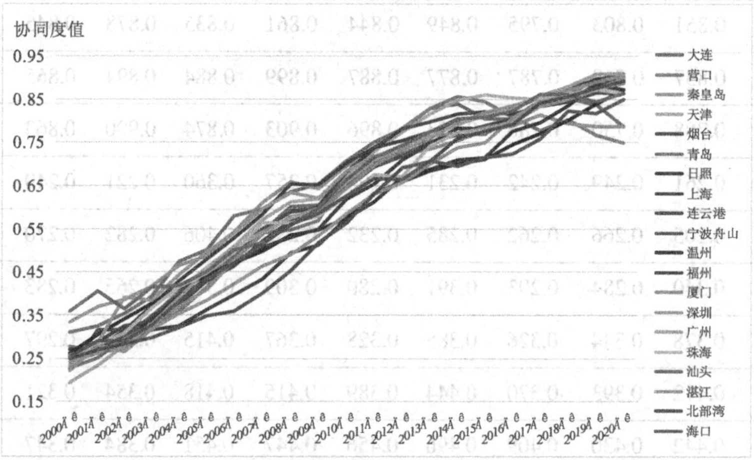

图 4-2 我国沿海港口港城复合系统协同度动态变化

我国大部分沿海港口已经进入极度协调发展阶段。在 2020 年，港城协同度最高的是广州港，协同度达到 0.912，处于极度协调发展阶段。宁波舟山港、厦门港、青岛港、上海港、深圳港港城协同度水平紧随其后，都超过了 0.9，与广州港港城协同度水平相差很小，都处于极度协调发展阶段的第一方阵。天津港、烟台港、日照港、连云港港、温州港、福州港、珠海港、汕头港、湛江港、北部湾港、海口港协同度值也都在 0.8 以上，处于极度协调发展阶段的第二方阵，其中海口港处于极度协调发展阶段的最后一位，刚从高度协调发展阶段进入极度协调发展阶段时间不久。大连港、营口港、秦皇岛港的协同度值分别为 0.788、0.750、0.786，是我国沿海港口中唯一处于高度协调发展阶段的 3 个港口。

我国沿海港口港城协同度整体呈现上升的水平，但是增速逐渐放缓。在研究期内，2000 年，我国沿海港口港城协同度平均水平只有 0.26，处于低度协调发展阶段；到 2002 年，我国沿海港口港城协同度平均水平就达到了 0.31，开始进入中度协调发展阶段，从低度协调发展阶段到中度协调发展阶段仅用了 2 年时间；到 2007 年，我国沿海港口港城协同度平均水平达到 0.53，开始进入高度协调发展阶段，从中度协调发展阶段到高度协调发展阶段用了 5 年时间；到 2016 年，我国沿海港口港城协同度平均水平达到 0.80，开始进入极度协调发展阶段，从高度协调发展阶段到极度协调发展阶段用了近 10 年时间。

我国沿海港口港城协同度差距呈现“先扩大—后缩小—再扩大”的发展趋势，港城关系发展面临新一轮的挑战。2000—2005 年，我国沿海港口港城协同度差距总体处在 0.12 ~ 0.17 的发展水平。2006—2008 年，随着我国沿海港口与所在城市的快速发展，我国沿海港口港城协同度的差距迅速扩大到 0.20 以上。2009—2018 年，随着我国沿海港口与所在城市之间关系的不断协调，我国沿海港口港城协同度差距整体在逐渐缩小，到 2018 年差距缩小到只有 0.08 的历史最低水平，我国沿海港口港城关系发展水平整体齐头并进。从 2019 年开始，随着我国沿海港口与所在城市发展速度的放缓，港口城市经济、产业和运输结构的调整，港口功能拓展和港口资源整合的加速推进等，我国沿海港口与所在城市之间港城协同度差距又开始进一步拉大，再一次引起了行业的高度关注。

我国沿海地区港城协同度区域分化特点显著，长三角、东南沿海和珠三角地区发展水平整体优于环渤海和西南沿海地区。环渤海地区港口港城协同度变化较大，该地区是我国沿海港口中港城协同发展水平起点最高的地区，其中大连港和秦皇岛港在研究期内都直接从中度协调发展阶段开始，跳过了低度协调发展阶段。然而经过近 20 年的发展，两极分化现象十分严重，秦皇岛港长期处于高度协调发展阶段，大连港和营口港进入极度协调发展阶段后又退回高度协调发展阶段，天津港、烟台港、青岛港和日照港港城关系发展总体比较平稳，处于极度协调发展阶段。长三角、东南沿海和珠三角地区港口港城协同度发展总体比较平稳，基本都从低度协调发展阶段起步，然后稳步上升至目前的极度协调发展阶段，其中广州港的发展态势最好，其港城协同度从开始位于全国沿海港口倒数一路发展到跃升至全国沿海港口首位，基本上每年都在快速发展。西南沿海地区港口港城协同度起步总体较差，而且发展缓慢，在我国沿海港口中最晚进入极度协调发展阶段。2003—2012 年，北部湾港港城协同度常年位于我国沿海港口倒数第一位，海口港港城协同度也常年位于我国沿海港口倒数水平，西南沿海地区港口港城协同发展的动力需要进一步增强。我国沿海地区港城协同度区域分化的特点与我国环渤海和西南沿海地区经济发展水平在沿海地区中排名相对靠后，港口在地方经济发展中重视程度不高等因素密不可分。此外，我国沿海港口港城协调发展程度具有南方港口优于北方港口、大型港口优于中小型港口的鲜明特点，这与大型港口、南方港口及所在城市转型升级步伐相对较快、港口城市对港城关系的动态变化跟踪和调整比较及时有密不可分的关系。

（2）我国沿海港口港城关系类型判别

通过计算 2000—2020 年我国沿海港口港城关系 DCI 值（见表 4-10），将港城关系划分为城市驱动型、港口驱动型、城市港口共同驱动型三种类型（见表 4-11），分析在研究期内港城关系类型的变化。

表 4-10 2000–2020 年港口 DCI 值动态变化

港口	2000	2001	2002	2003	2004	2005	2006	2007	2008	2009	2010	2011	2012	2013	2014	2015	2016	2017	2018	2019	2020
大连港	0	1.01	0.77	1.06	1.15	1.13	1.13	1.03	0.96	0.89	1.03	0.96	0.97	0.98	0.96	0.92	0.93	0.91	0.88	0.67	0.62
营口港	0	0.89	1.35	1.48	1.62	1.54	1.48	1.41	1.33	1.32	1.28	1.20	1.20	1.17	1.15	1.21	1.47	1.39	1.35	1.03	1.03
秦皇岛港	0	0.98	0.53	0.64	0.77	0.89	0.96	0.97	0.82	0.77	0.72	0.71	0.63	0.63	0.63	0.56	0.35	0.48	0.43	0.38	0.33
天津港	0	2.57	1.88	1.67	1.67	1.41	1.27	1.24	1.10	1.07	0.97	0.92	0.88	0.86	0.88	0.87	0.86	0.75	0.73	0.69	0.72
烟台港	0	2.02	1.80	1.24	1.05	1.12	1.24	1.57	1.39	1.37	1.42	1.42	1.42	1.41	1.38	1.35	1.32	1.34	1.64	1.41	1.41
青岛港	0	1.43	1.29	1.14	1.01	0.98	1.01	1.02	0.99	0.95	0.90	0.84	0.85	0.87	0.86	0.84	0.83	0.80	0.80	0.81	0.81
日照港	0	0.84	0.73	1.40	1.09	1.61	1.63	1.43	1.30	1.34	1.37	1.28	1.26	1.24	1.23	1.23	1.18	1.12	1.21	1.18	1.20
上海港	0	0.88	1.40	1.27	1.19	1.20	1.04	0.86	0.78	0.70	0.74	0.76	0.74	0.74	0.68	0.64	0.59	0.61	0.56	0.53	0.52
连云港港	0	1.58	1.15	1.13	1.04	1.17	1.13	1.10	1.09	1.02	0.96	0.99	0.97	0.95	0.93	0.84	0.81	0.79	0.79	0.82	0.82
宁波舟山港	0	0.82	1.17	1.19	1.15	1.16	1.13	1.03	0.97	0.98	0.92	0.88	0.87	0.88	0.90	0.89	0.86	0.85	0.85	0.83	0.84
温州港	0	3.98	2.84	2.70	2.15	1.91	1.60	1.37	1.42	1.74	1.54	1.40	1.31	1.25	1.24	1.23	1.14	1.14	1.00	0.90	0.87
福州港	0	2.82	3.50	2.46	2.21	2.37	2.07	1.03	0.91	0.99	0.72	0.74	0.91	0.92	0.94	0.88	0.84	0.78	0.83	0.89	0.95
厦门港	0	0.61	1.32	1.35	1.40	1.37	1.77	1.36	1.37	1.36	1.26	1.23	1.20	1.21	1.18	1.11	1.05	0.98	0.90	0.85	0.82

续表

港口	2000	2001	2002	2003	2004	2005	2006	2007	2008	2009	2010	2011	2012	2013	2014	2015	2016	2017	2018	2019	2020
深圳港	0	1.21	1.43	1.40	1.30	1.20	1.13	1.08	0.99	0.85	0.84	0.75	0.70	0.67	0.61	0.57	0.53	0.56	0.56	0.56	0.57
广州港	0	1.08	1.29	1.05	1.14	1.12	1.13	1.06	0.91	0.88	0.87	0.82	0.78	0.74	0.75	0.74	0.74	0.77	0.77	0.73	0.71
珠海港	0	5.02	3.06	1.88	1.87	1.60	1.23	1.03	1.01	1.04	1.19	1.17	1.16	1.26	1.19	1.14	1.09	1.05	1.00	0.97	0.94
汕头港	0	-1.30	3.59	1.33	0.84	0.86	0.95	0.94	1.05	1.09	1.11	1.11	1.12	1.11	1.03	0.96	0.83	0.75	0.58	-0.17	0.47
湛江港	0	1.14	2.00	1.32	1.63	1.38	1.33	1.18	1.07	1.68	1.51	1.35	1.33	1.26	1.27	1.29	1.33	1.31	1.28	1.01	1.06
北部湾港	0	1.47	1.63	2.43	2.13	2.25	1.97	1.69	1.48	1.81	1.61	1.51	1.45	1.36	1.29	1.24	1.13	1.07	1.16	1.16	1.25
海口港	0	1.26	1.88	1.71	1.27	1.78	1.36	1.30	1.22	1.83	1.58	1.43	1.36	1.32	1.27	1.25	1.19	1.21	1.18	1.14	1.06

港口驱动型　港城互驱型　城市驱动型

表 4-11 港城关系类型划分

年份	城市驱动型（DCI<0.9）	港城互驱型（0.9≤DCI<1.1）	港口驱动型（DCI≥1.1）
2001	营口港、日照港、上海港、宁波舟山港、厦门港、汕头港	大连港、秦皇岛港、广州港	天津港、烟台港、青岛港、连云港港、温州港、福州港、深圳港、珠海港、汕头港、北部湾港、海口港
2010	秦皇岛港、上海港、福州港、深圳港、广州港	大连港、天津港、青岛港、连云港港、宁波舟山港	营口港、烟台港、日照港、温州港、厦门港、珠海港、汕头港、湛江港、北部湾港、海口港
2020	大连港、秦皇岛港、天津港、青岛港、上海港、连云港港、宁波舟山港、温州港、厦门港、深圳港、广州港、汕头港	营口港、福州港、珠海港、湛江港、海口港	烟台港、日照港、北部湾港

① 研究期内城市驱动型港口城市数量显著增加，港城互驱型和港口驱动型港口城市数量减少。在研究期末，城市驱动型港口城市数量最多（12个），主要有大连港、秦皇岛港、天津港、青岛港、上海港、连云港港、宁波舟山港、温州港、厦门港、深圳港、广州港、汕头港；港城互驱型港口城市数量次之（5 个），包括营口港、福州港、珠海港、湛江港、海口港；港口驱动型港口城市数量最少（3 个），包括烟台港、日照港、北部湾港。港口驱动型港口城市主要分布在环渤海和西南沿海地区，这些城市大多属于近年来港口产业快速发展、港口设备设施条件大幅改善的港口城市。港城互驱型港口城市主要分布在环渤海、东南沿海和西南沿海地区，这些城市大多属于近年来港口和城市发展水平比较同步的港口城市。城市驱动型港口城市大多是我国港口发展基础条件好、优势显著、历史基础较好的港口。

② 在研究期内，大部分沿海港口都经历了由“港口驱动型—港城互驱

型—城市驱动型”的发展阶段。其中，天津港、青岛港、连云港港、温州港、深圳港和广州港经历了以上典型的发展阶段，并且长期稳定在城市驱动型发展阶段。烟台港、湛江港、北部湾港和海口港仅在个别年份出现了港城互驱型的发展特点，大部分年份都稳定在港口驱动型的发展阶段。大连港、营口港、秦皇岛港、日照港、上海港、宁波舟山港、厦门港和汕头港在研究初期就处于城市驱动型发展阶段，后又逐渐分化，大连港、上海港、宁波舟山港、厦门港和汕头港又经历了“港口驱动型—港城互驱型—城市驱动型”的发展阶段，营口港经历了“港口驱动型—港城互驱型”的发展阶段后一直还停留在港城互驱型的发展阶段，秦皇岛港基本维持在城市驱动型的发展阶段，日照港基本维持在港口驱动型的发展阶段。福州港从港口驱动型向港城互驱型发展之后，一直在港城互驱型和城市驱动型之间徘徊。珠海港一直在港口驱动型和港城互驱型之间徘徊。

③ 在研究期内，DCI 值的变化主要有呈现下降趋势和呈波动变化两种趋势：一是 DCI 值呈下降趋势。这类港口城市包括大连港、秦皇岛港、天津港、青岛港、上海港、连云港港、宁波舟山港、温州港、福州港、厦门港、深圳港、广州港、珠海港、湛江港、海口港。表明在研究期内，由于城市经济、产业的不断转型升级和现代服务产业的发展，这些港口城市的城市经济拉动力持续强于港口的拉动力，因此港城关系类型不断趋向于城市驱动型和港城互驱型发展。二是 DCI 值呈波动变化趋势。营口港、烟台港、日照港、汕头港和北部湾港的 DCI 值呈波动发展趋势。表明在研究期内这部分港城关系变化的主导权在城市与港口之间不断交错变换，港城关系不受任一系统单方面的作用，港口与城市互相驱动港城关系的变化发展。

④ 将 DCI=1 作为划分港口城市关系的平衡状态，可以分为远离平衡态和趋近平衡态两种类型。第一，远离平衡态：大连港、秦皇岛港、天津港、青岛港、上海港、连云港港、宁波舟山港、温州港、厦门港、深圳港、广州港、汕头港，这类港口城市的 DCI 值在不断减小，向城市驱动型和港城互驱型转变。第二，趋近平衡态：营口港、烟台港、日照港、福州港、珠海港、

湛江港、北部湾港、海口港，这类港口城市的DCI值不断减小趋近于1，由港口驱动型或城市驱动型不断向港城互驱型靠近，其中营口港、日照港、湛江港、北部湾港、海口港将很快进入港城互驱型；烟台港一直处在港口驱动型状态不断波动，进入港城互驱型状态还需要一定时间；福州港一直处在港城互驱型和城市驱动型两种状态之间不断波动，长期来看有可能继续波动下去，也有可能稳定进入港城互驱型或城市驱动型状态；珠海港一直在港口驱动型和港城互驱型状态之间波动，从现有发展趋势来看可能持续波动，也有可能稳定进入现有 3 种状态的某一种；汕头港的波动幅度最大，一直在 3 种状态之间剧烈波动，但是波动幅度总体在缩小和收敛。（见图 4–3）

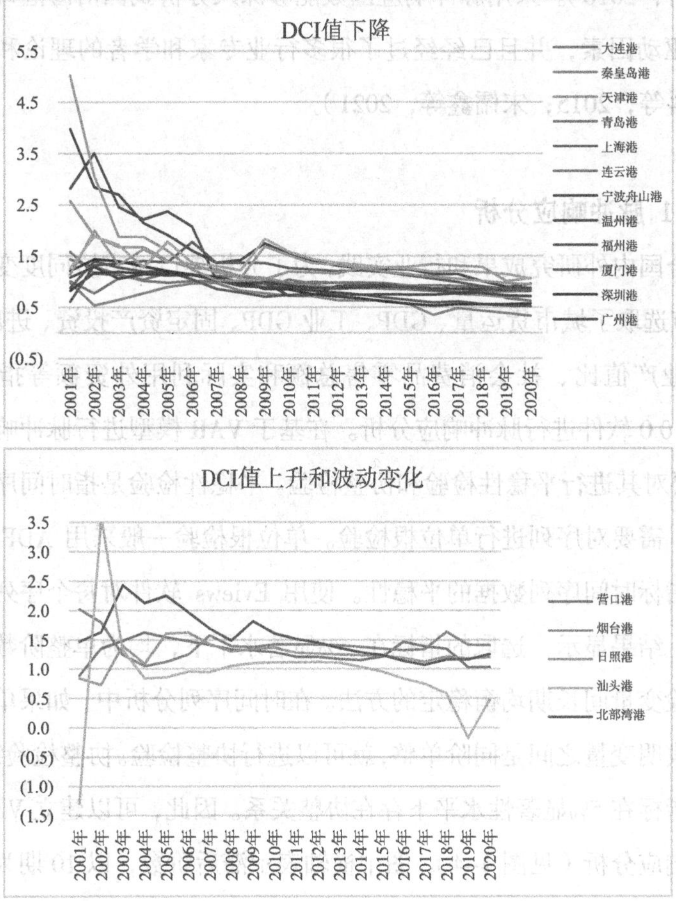

图 4–3　我国沿海港口港城关系 DCI 值的变化趋势

4.3 我国沿海港口与港口城市关系驱动因素和驱动机制分析

在明确我国主要沿海港口与所在城市港城协同关系演变规律及港城关系类型的基础上，需要深入探究我国沿海港口与所在城市港城关系的驱动机制以及主要驱动因素，才能够更好地指导我国沿海港口与港口城市港城关系的健康发展。在经济学中，尤其是在当代宏观经济建模中，脉冲响应函数用于描述经济如何随着时间的推移对外生脉冲做出反应，经济学家通常称之为冲击，并且通常在向量自回归的背景下建模。脉冲响应函数描述了内生宏观经济变量（如产出、消费、投资和就业）在冲击发生时和随后时间点的反应（郑研研，2010）。采用脉冲响应函数能够深入分析我国沿海港口港城关系的主要驱动因素，并且已经经过了很多行业专家和学者的理论和实证检验（郭建科等，2015；宋儒鑫等，2021）。

4.3.1 脉冲响应分析

结合国内外研究成果和行业实践，为了分析港口城市协同度变化影响因素，本节选取了城市货运量、GDP、工业 GDP、固定资产投资、进出口总额、三二产业产值比、社会消费品零售总额和实际利用外资额等指标，利用 Eviews 10.0 软件进行脉冲响应分析。在基于 VAR 模型进行脉冲响应分析之前，需要对其进行平稳性检验和协整检验。平稳性检验是指时间序列在建模过程中，需要对序列进行单位根检验。单位根检验一般采用 ADF 检验方法验证各指标时间序列数据的平稳性。使用 Eviews 软件对每个序列进行单位根检验，结果显示：选取的指标在 5%显著水平下，均为单整阶数。协整检验是检验变量间长期均衡稳定的方法。在时间序列分析中，如果单位根检验的结果表明变量之间是同阶单整，就可以进行协整检验。协整检验结果显示：选取的指标在 5%显著性水平下存在协整关系。因此，可以建立 VAR 模型进行脉冲响应分析（见图 4–4）。图中横轴表示滞后阶数，以 10 期为单位，纵轴表示脉冲响应值，表示港口货物吞吐量对来自城市经济因素的一个冲击之后所产生的反应和变动趋势。将脉冲响应结果图按照 $DCI > 1$ 和 $DCI < 1$ 分为两类（见表 4-12）。

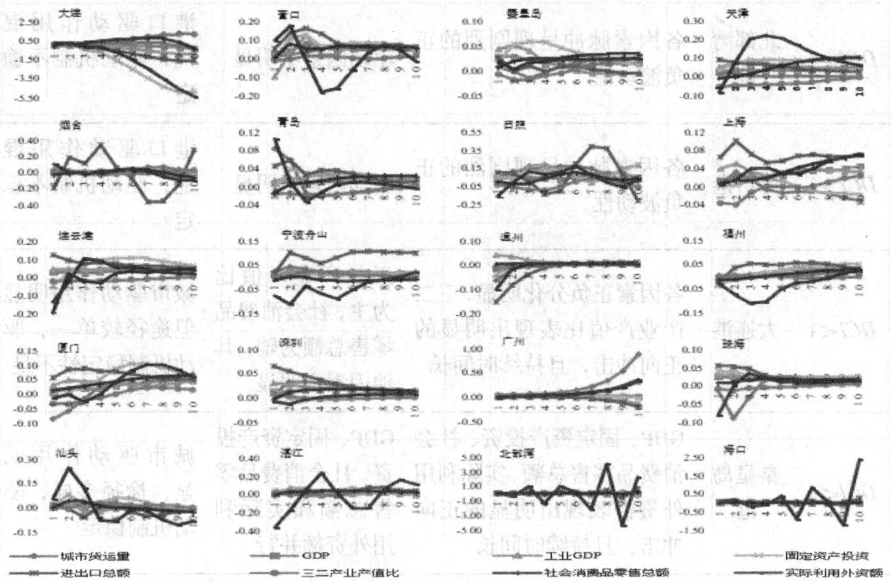

图 4-4　港城关系影响因素脉冲响应图

表 4-12　不同类型港城关系驱动模式比较

类型	港口	脉冲响应图基本特征	港口/城市驱动因素	驱动机制基本特征
$DCI>1$	营口港	三二产业产值比、实际利用外资额脉冲呈现剧烈的正负波动性，其他因素总体为正向冲击	固定资产投资，进出口总额为主	港城互驱显著，驱动机制多样且较稳定
$DCI>1$	烟台港	各因素脉冲呈现剧烈的正负波动性	驱动因素不明显	港口驱动作用混乱，驱动机制不稳定
$DCI>1$	日照港	除城市货运量、GDP 和固定资产投资外，其余因素都呈现剧烈的正负波动性	城市货运量、GDP 和固定资产投资并行	港口驱动作用明显，途径多样，机制稳定
$DCI>1$	湛江港	除 GDP 和固定资产投资外，其余因素都呈现剧烈的正负波动性	GDP 和固定资产投资并行	港城互驱作用较单一，驱动机制不稳定

续表

类型	港口	脉冲响应图基本特征	港口/城市驱动因素	驱动机制基本特征
DCI>1	北部湾港	各因素脉冲呈现剧烈的正负波动性	驱动因素不明显	港口驱动作用混乱，驱动机制不稳定
DCI>1	海口港	各因素脉冲呈现剧烈的正负波动性	驱动因素不明显	港口驱动作用混乱，驱动机制不稳定
DCI<1	大连港	各因素正负分化明显，三二产业产值比表现出明显的正向冲击，且持续时间长	三二产业产值比为主，社会消费品零售总额为辅，其他因素不明显	城市驱动作用明显但途径较单一，驱动机制稳定性不足
DCI<1	秦皇岛港	GDP、固定资产投资、社会消费品零售总额、实际利用外资额表现出明显的正向冲击，且持续时间长	GDP、固定资产投资、社会消费品零售总额和实际利用外资额并行	城市驱动作用明显，途径多样，驱动机制稳定
DCI<1	天津港	除三二产业产值比外，其余因素都表现出明显的正向冲击	固定资产投资和实际利用外资额为主	城市驱动显著，驱动机制多样且较稳定
DCI<1	青岛港	除城市货运量、三二产业产值比和实际利用外资额外，其余因素都表现出明显的正向冲击	GDP、工业GDP和进出口总额为主	城市驱动显著，驱动机制多样且较稳定
DCI<1	上海港	除城市货运量、固定资产投资和三二产业产值比外，其余因素都表现出明显的正向冲击	GDP、工业GDP、进出口总额、社会消费品零售总额和实际利用外资额并行	城市驱动显著，驱动机制多样且较稳定
DCI<1	连云港港	除固定资产投资、三二产业产值比、社会消费品零售总额和实际利用外资额外，其余因素都表现出明显的正向冲击	城市货运量、GDP、工业GDP和进出口总额并行	城市驱动显著，驱动机制多样且较稳定

续表

类型	港口	脉冲响应图基本特征	港口/城市驱动因素	驱动机制基本特征
DCI<1	宁波舟山港	除社会消费品零售总额和实际利用外资额外，其余因素都表现出明显的正向冲击	进出口总额为主，其他因素为辅	城市驱动显著，驱动机制多样且较稳定
DCI<1	温州港	除工业 GDP 外，其他因素呈现剧烈的正负波动性	工业 GDP 为主	城市驱动作用较单一且较弱，驱动机制不稳定
DCI<1	福州港	除城市货运量外，其他因素呈现剧烈的正负波动性	城市货运量为主	城市驱动作用较单一且较弱，驱动机制不稳定
DCI<1	厦门港	除城市货运量、三二产业产值比和实际利用外资额外，其余因素都表现出明显的正向冲击	GDP、工业 GDP、固定资产投资、进出口总额和社会消费品零售总额并行	城市驱动显著，驱动机制多样且较稳定
DCI<1	深圳港	除固定资产投资、三二产业产值比、社会消费品零售总额和实际利用外资额外，其余因素都表现出明显的正向冲击	城市货运量、GDP、工业 GDP 和进出口总额并行	城市驱动显著，驱动机制多样且较稳定
DCI<1	广州港	各因素正负分化明显，城市货运量表现出明显的正向冲击，且持续时间长	城市货运量为主，社会消费品零售总额和实际利用外资额为辅，其他因素不明显	城市驱动作用明显，途径多样，机制稳定
DCI<1	珠海港	除城市货运量、三二产业产值比和实际利用外资额外，其余因素都表现出明显的正向冲击	GDP、工业 GDP、固定资产投资、进出口总额和社会消费品零售总额并行	城市驱动显著，驱动机制多样且较稳定
DCI<1	汕头港	各因素脉冲呈现剧烈的正负波动性	驱动因素不明显	城市驱动作用混乱，驱动机制不稳定

4.3.2 作用机制分析

（1）总体来看，港口驱动型港口城市主要分布在环渤海和西南沿海地区。烟台港、日照港等港口分布在青岛港等国际大港附近，其发展受制于区域内大型港口，但借助于有利的区位优势和多式联运条件的改善，与腹地联系不断加强，港口产业得到迅速发展，因此港城关系发展以港口驱动为主。北部湾港是在近年来将北海港、钦州港、防城港三港合一打造的西南沿海港口群，通过连接西部“陆海新通道”成为西部内陆地区南向出海的桥头堡，通道沿线地区、港口地区基础设施条件逐步完善，因此港口产业发展迅速，以港口驱动为主。其区别在于，环渤海地区港口的产业结构影响因素为负向冲击，而西南沿海地区港口的产业结构影响因素为正向冲击，这是由于环渤海地区三二产业产值比较低，第二产业发展趋势略微弱于第三产业，而西南沿海地区港口城市的产业结构在逐步完善，第二产业发展的同时第三产业持续发展，因此产业结构对港城关系以正向推动为主。

（2）城市驱动型港口城市的港城关系变化多是受城市经济方面的因素所影响，但每个港口所受影响因素却不尽相同。大连港、连云港港、福州港、深圳港、广州港的发展与产业及产业结构、城市货运量等因素相关，这些港口城市具有较好的产业基础，与腹地间的联系密切，城市货运量为港口发展提供了充足的货源。秦皇岛港、青岛港、上海港、厦门港、珠海港的发展与GDP、固定资产投资等因素相关，这些城市依托强大的固定资产投资，带动了城市经济的快速发展。天津港、宁波舟山港、上海港、厦门港等的发展与进出口总额、实际利用外资额等因素相关，这些枢纽港口城市都是我国腹地对外贸易发展水平较高的地区，强大的进出口和利用外资能力带动了城市经济的高速增长。深圳港和广州港两港地理位置非常靠近，城市经济水平高，对外联系强弱以及与腹地联系、腹地范围等因素均处于同一水平，两港间的竞争强于合作，因此以城市驱动为主。温州港、珠海港的驱动因素比较复杂，并且都呈现正负波动性，驱动机制不太稳定，港口城市的发展还没有找到明显的驱动力。

（3）在研究期末处于港城互驱型的港口城市主要有 5 个：营口港、福州港、珠海港、湛江港和海口港。其中，福州港一直在城市驱动型、港城互驱型和港口驱动型中切换变化，珠海港一直在港口驱动型和港城互驱型中切换变化，港口驱动因素更加强烈，影响港城关系发展的机制多样。湛江港在研究前期一直稳定地属于港口驱动型，在 2008 年 DCI 值降到 1.07，属于港城互驱型，随后 DCI 值上升在 2009 年达到峰值，其后持续降低，在 2019 年再次属于港城互驱型。这与 2019—2020 年港口货物吞吐量骤减和城市 GDP 增速降低有关。营口港在 2001 年、2019 年和 2020 年不属于港口驱动型，珠海港在 2007—2009 年和 2016—2020 年处于港城互驱型，在其余所有年份都稳定地属于港口驱动型，原因与湛江港类似。这 5 个港口在研究期内港口驱动型状态明显，表明港口驱动因素在这 5 个城市中占主导地位，但 DCI 值处于不断降低的发展趋势也表明，港城关系变化的影响因素来自多个方面，城市经济持续发展为港城关系的转变提供了强大的动力支撑。

4.4 我国沿海港口对城市经济增长作用机制分析

通过前述研究发现，我国沿海主要港口与所在城市之间港城关系十分紧密，并且协同程度总体呈现上升的发展趋势。无论是港口驱动型、城市驱动型还是港城互驱型港口城市，港城关系都是港口城市发展过程中重要的影响因素。本节通过建立生产函数模型和面板数据模型，深入论证和分析了我国沿海港口港城协同发展对港口城市经济增长的重要作用，弥补了现有研究成果中，大部分都是研究港口货物吞吐量、港口物流、港口腹地等与城市经济之间的相互关系（刘润喆等，2021；林振杰，2021；王健等，2021）。

4.4.1 生产函数和面板模型分析

（1）建立生产函数模型

对经济增长的研究来说，不同的经济增长理论最后要落实在不同的生产函数上（李学林和李晶，2012）。生产函数的模型种类很多，最为广泛运用的是柯布—道格拉斯生产函数，简称 C-D 生产函数，它能够从宏观角度阐述技术、资本、劳动与经济增长的关系（张月波，2014；邓雨婷，2018）。张学良（2012）利用空间计量经济学的方法，建立了包含交通基础设施变量和其他变量的区域经济增长模型，研究中国交通基础设施对区域经济增长的促进作用，公式如下：

$$Y = Af(Kc, Kt, Kg, OKt, L, X) \tag{4-11}$$

式中，Y 为总产出；A 为技术进步；Kc 为私人部门资本存量；Kt 为交通基础设施资本存量；Kg 为除交通基础设施以外的其他公共部门资本存量；OKt 为其他相关区域的交通基础设施资本，交通基础设施对区域经济增长的空间溢出效应通过这个变量来衡量；L 为劳动力投入；X 为其他影响总产出的各类要素。

同理，研究港口对城市经济增长的促进作用，它不仅与资本、劳动等要素有关，还受到其他因素的共同作用。根据前述对我国沿海港口与港口城市关系的分析，可以发现港城协同发展是影响我国港口城市经济增长的重要因素。因此，建立如下港口城市经济增长影响因素的理论模型：

$$Y = f(A, K, L, D) \tag{4-12}$$

本节研究港口与城市经济增长的关系，借鉴李红霞（2013）、范厚明（2015）和汤长安（2021）等人的研究成果，将港城复合系统协同度作为外生变量引产函数中。因此，以资本、劳动、港城复合系统协同度作为投入变量，构造扩展的 C-D 生产函数，具体形式如下：

$$Y = AK^{\beta_1} L^{\beta_2} D^{\beta_3} \mu \tag{4-13}$$

式中，Y 是地区生产总值（GDP）；A 是综合技术水平；K 是资本投入量，用全社会固定资产投资总额表示；L 是投入的劳动力数，用年末从业人员数表示；D 是新增投入量，用港城复合系统协同度表示；β_1、β_2、β_3 分别表示资本、劳动和港城复合系统协同度产出的弹性系数；μ 表示随机干扰的影响，$\mu \leq 1$（本节中 μ 取 1）。其中，地区生产总值、全社会固定资产投资总额、年末从业人员数的数据来自 2000—2020 年的 20 个城市的统计公报、统计年鉴等相关资料。

由于以上变量的数据是绝对量，因此需要进行对数处理，以便减小其波动幅度。对公式（4–13）进行自然对数处理，得到公式（4–14）：

$$\ln Y = \ln A + \beta_1 \ln K + \beta_2 \ln L + \beta_3 \ln D \quad (4\text{–}14)$$

（2）建立面板模型

姆德拉克（Mundlak，1961）、巴乐斯基和乐佛（Balestra 和 Nerlove，1966）最早将面板数据引入到计量经济学中，此后大量的研究成果出现在经济学和管理学等相关领域（皮天雷，2009；陈琳娜，2013）。面板数据能检测和度量单纯使用横截面数据或时间序列数据无法观测到的影响，并且能更好地解释动态行为的复杂问题（龙莹和张世银，2010）。

① 面板数据的类型。面板数据模型根据截距项和系数的取值情况，可以归纳成 3 种类型（杰弗里·M. 伍德里奇，2015）：

模型 1：截面个体截距、系数不变模型，简称不变系数模型，公式如下：

$$y_{it} = a + X_{it}\beta + u_{it}, i = 1,2,\ldots,N; t = 1,2,\ldots,T \quad (4\text{–}15)$$

模型 2：截面个体变截距模型，简称变截距模型，公式如下：

$$y_{it} = a_i + X_{it}\beta + u_{it}, i = 1,2,\ldots,N; t = 1,2,\ldots,T \quad (4\text{–}16)$$

模型 3：截面个体变系数模型，简称变系数模型，公式如下：

$$y_{it} = a_i + X_{it}\beta_i + u_{it}, i = 1,2,\ldots,N; t = 1,2,\ldots,T \quad (4\text{–}17)$$

式中，$y_{it} = \begin{pmatrix} \ln Y_{i1} \\ \ln Y_{i2} \\ \ldots \\ \ln Y_{iT} \end{pmatrix}$；$X_{it} = \begin{pmatrix} \ln K_{i1} & \ln L_{i1} & \ln D_{i1} \\ \ln K_{i2} & \ln L_{i2} & \ln D_{i3} \\ \ldots & \ldots & \ldots \\ \ln K_{iT} & \ln L_{iT} & \ln D_{iT} \end{pmatrix}$；$\beta = \begin{pmatrix} \beta_1 \\ \beta_2 \\ \beta_3 \end{pmatrix}$；$\beta_i = \begin{pmatrix} \beta_{1i} \\ \beta_{2i} \\ \beta_{3i} \end{pmatrix}$；

参数 α 是常数项；μ_{it} 是随机误差项。

② 面板数据模型的设定检验。在进行模型估计前需要对模型进行 F 检验，通过面板协方差分析方法来确定建立面板数据模型的类型。

协方差分析主要检验有下述两个假设：

$H_1:\beta_1=\beta_2=\cdots=\beta_N$

$H_2:\alpha_1=\alpha_2=\cdots=\alpha_N$

$\beta_1=\beta_2=\cdots=\beta_N$

检验结果接受 H_2，确定为不变系数模型；检验结果接受 H_1、拒绝 H_2，确定为变截距模型；检验结果拒绝 H_1、H_2，确定为变系数模型。

在假设 H_2 下检验统计量 F_2 服从相应自由度下的 F 分布，即

$$F_2=\frac{(S_3-S_1)/[(N-1)(\mathrm{k}+1)]}{S_1/(NT-N(k+1))}\sim F[(N-1)(\mathrm{k}+1),N(T-k-1)] \quad (4\text{–}18)$$

在假设 H_1 下检验统计量 F_1 也服从相应自由度下的 F 分布，即

$$F_1=\frac{(S_2-S_1)/[(N-1)k]}{S_1/(NT-N(k+1))}\sim F[(N-1)k,N(T-k-1)] \quad (4\text{–}19)$$

式中，S_1、S_2、S_3 分别为公式（4–17）、（4–16）和（4–15）的残差平方和；N 为模型截面个数，本模型中 $N=20$；T 为每个截面的观测时期总数，本模型中 $T=20$；k 表示解释变量个数，本模型中 $k=3$。

4.4.2 单位根和协整检验

（1）单位根检验

为了保证结果的真实有效以及消除伪回归情况，需要对面板序列的平稳性进行检验。其中，运用最广泛的方法是单位根检验。面板单位根的检验方法主要有 LLC、Hadri、Breitung、IPS 和 Fisher5 种，可以归纳成两类：一类是 LLC、Hadri 和 Breitung 检验，即相同根情况下的单位根检验；另一类是 IPS 和 Fisher 检验，即不同根情形下的单位根检验。本节采用 LLC、IPS、Fisher ADF 和 Fisher PP 检验方法，使用 Eviews 软件对每个序列进行单位根检验，单位根检验结果表明：lnY、lnK、lnL 和 lnD 在 5%显著水平下，均为零阶单

整，记为 I(0)（见表 4-13）。

表 4-13　单位根检验结果

检验方法		原始序列			
		lnY	lnK	lnL	lnD
LLC	P 值	0.0000	0.0000	0.0090	0.0000
	检验形式	（C,0）	（C,0）	（C,0）	（C,0）
IPS	P 值	0.0000	0.0262	0.5475	0.0000
	检验形式	（C,0）	（C,0）	（C,0）	（C,0）
Fisher ADF	P 值	0.0000	0.0004	0.1400	0.0000
	检验形式	（C,0）	（C,0）	（C,0）	（C,0）
Fisher PP	P 值	0.0000	0.0000	0.0000	0.0000
	检验形式	（C,0）	（C,0）	（C,0）	（C,0）

（2）协整检验

协整检验是检验变量间长期均衡稳定的方法。在时间序列分析中，如果单位根检验的结果表明变量之间是同阶单整，就可以进行协整检验。由于 20 个港口城市的 lnY、lnK、lnL 和 lnD 都是零阶单整，所以可以进行协整检验，从而确定地区生产总值和全社会固定资产投资总额、年末从业人员数以及港城复合系统协同度之间是否存在长期稳定的均衡关系。面板数据的协整检验方法分为两类：一类是基于乔汉森（Johansen）协整检验的面板协整检验；另一种是基于恩歌和哥朗格（Engle 和 Granger）二步法检验的面板协整检验，主要有彼乔尼和高（Pedroni 和 Kao）检验。本节选用 Pedroni 检验和 Kao 检验进行协整检验，使用 Eviews 软件，确定模型最优滞后阶数为 1，检验结果表明：除 Panel rho-Statistic 和 Group rho-Statistic 外，其他的 P 值都小于 0.05（见表 4-14）。因此，可以得出 lnY、lnK、lnL 和 lnD 之间存在协整关系，即 20 个港口城市的地区生产总值和全社会固定资产投资总额、年末从业人员数以及港城复合系统协同度之间存在长期均衡稳定关系，可以进行回归分析。

表 4-14　变量协整检验结果

检验方法	统计量名	统计量值	P 值
Pedroni 检验	Panel v-Statistic	1.778308	0.0377
	Panel rho-Statistic	-0.379722	0.3521
	Panel PP-Statistic	-3.413339	0.0003
	Panel ADF-Statistic	-4.505454	0.0000
	Group rho-Statistic	1.769558	0.9616
	Group PP-Statistic	-2.057028	0.0198
	Group ADF-Statistic	-5.763030	0.0000
Kao 检验	ADF	-5.098731	0.0000

注：Pedroni 检验选择带截距项和趋势项的协整方程。

（3）确定模型

面板数据分析中有固定效应和随机效应两种常用的模型。此处使用 Eviews 软件进行 Hausman 检验得到 P 值小于 0.05，确定建立固定效应模型。

为了进一步分析 20 个港口城市全社会固定资产投资总额、年末从业人员数和港城复合系统协同度与城市经济增长的关系，分别测算得到变系数、变截距和不变系数模型估计的残差平方和，分别为 $S_1=1.717$ 、$S_2=7.008$ 和 $S_3=39.677$（见表 4-15）。通过 lnY、lnK、lnL 和 lnD 模型形式设定检验，笔者发现协方差分析检验结果拒绝假设 H_1 和 H_2，确定建立变系数模型（见表 4-16）。

表 4-15 三种模型估计的残差平方和

	变系数模型 S_1	变截距模型 S_2	不变系数模型 S_3
残差平方和	1.717494	7.007993	39.67709

表 4-16 模型形式设定检验结果

检验统计量	F_2		F_1	
	F 值	F 统计量临界值	F 值	F 统计量临界值
计算结果	98.876180	1.323814	18.374074	1.375199

4.4.3 模型定量计算

通过以上分析，最终选择固定影响的变系数模型进行计算，公式如下：

$$y_{it} = a + a_i^* + \ln K_{it}\beta_{1i} + \ln L_{it}\beta_{2i} + \ln D_{it}\beta_{3i} + \mu_{it}, i = 1,2,...,20; t = 1,2,...,21 \tag{4-20}$$

式中，y_{it} 表示被回归变量；a 表示 20 个港口城市依靠自身经济内在动力创造的平均地区生产总值；a_i^* 表示第 i 个城市自身经济内在动力创造的地区生产总值与平均地区生产总值的偏离；β_{1i}、β_{2i}、β_{3i} 分别表示第 i 个城市全社会固定资产投资总额、年末从业人员数和港城复合系统协同度对地区生产总值的带动作用。

使用 Eviews 软件估计模型，公式如下：

$$\hat{y}_{it} = \underset{(0.305635)}{0.351667} + \hat{a}_i^* + \ln K_{it}\hat{\beta}_{1i} + \ln L_{it}\hat{\beta}_{2i} + \ln D\hat{\beta}_{3i}, i = 1,2,...,20; t = 1,2,...,21 \tag{4-21}$$

根据 a_i^*、β_{1i}、β_{2i}、β_{3i} 的估计值可以得出：面板数据模型的拟合度达到 99.719%。此结果说明方程拟合效果非常好（见表 4-17）。

表 4-17 模型参数 a_i^*、β_{1i}、β_{2i}、β_{3i} 的估计结果

城市 i	a_i^* 估计值	β_{1i} 估计值	β_{2i} 估计值	β_{3i} 估计值
大连	−1.645	−0.041	1.665	0.725
营口	−3.280	0.193	1.832	0.863
秦皇岛	18.833	0.723	−3.296	0.267
天津	−5.763	−0.092	2.323	0.676
烟台	11.108	−0.046	−0.316	1.938
青岛	−10.798	0.436	2.456	−0.184
日照	4.606	0.258	0.157	1.171
上海	−6.713	0.910	1.196	−0.036
连云港	12.669	0.269	−1.262	1.695
宁波舟山	−6.102	0.192	2.103	0.725
温州	−4.726	0.230	1.787	1.150
福州	−8.203	0.876	1.489	−0.991
厦门	0.961	0.042	1.165	0.451
深圳	−0.625	0.067	1.393	0.763
广州	2.048	0.464	0.514	0.579
珠海	1.841	0.544	0.354	0.298
汕头	−7.476	0.357	2.219	0.247
湛江	−6.006	0.019	2.339	1.367
北部湾	8.777	−0.219	0.201	2.578
海口	0.492	0.259	0.872	0.013

4.4.4 作用机制分析

本章构建了扩展的 $C-D$ 生产函数，通过面板数据模型分析港城复合系统协同度、全社会固定资产投资总额以及年末从业人员数与城市地区生产总

值的关系。为了深入探讨我国沿海港口特别是港城复合系统协同度对城市经济增长的促进作用，笔者绘制了能够反映 20 个沿海主要港口港城协同度对促进城市经济增长贡献程度的气泡图（见图 4–5）。

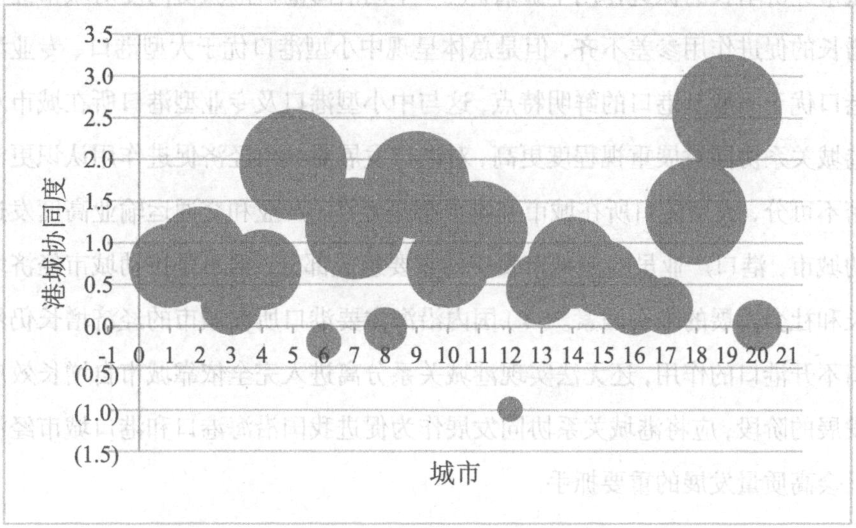

图 4–5　我国沿海主要港口港城协同度对城市经济增长的贡献程度

注：横坐标数字 1–20 分别代表城市大连、营口、秦皇岛、天津、烟台、青岛、日照、上海、连云港、宁波舟山、温州、福州、厦门、深圳、广州、珠海、汕头、湛江、北部湾和海口。

根据以上分析得出：（1）城市经济的增长受资本、劳动、港城复合系统协同度三种因素的共同作用。其中，资本投入能够激发港口和城市的发展潜力，扩大港口对城市经济增长的乘数效应；劳动力集聚是反映港口和城市吸引力，促进港口和城市经济高速增长的重要因素；港城复合系统协同度代表着港口和城市两个子系统间的协调发展程度，港城复合系统协同度对主要沿海港口的经济增长均有正向促进作用，这也反映出港城协同发展能够加速带动城市经济的增长，同时也符合港城关系发展以及对城市经济增长促进的历史性规律。（2）除青岛、上海、福州外，其他港口的参数 β_{3i} 均大于零，这表明大部分的沿海港口城市的港城协同发展程度均在不同程度上对城市经济发展具有明显的促进作用。青岛、上海、福州的参数 β_{3i} 呈现负值，表明这些城市的经济增长受港城复合系统协同度的促进作用不显著。主要原因是这些港口所在城市都出现过不同阶段和不同程度的港城协同度下降，导致对城市经济增长的促进作用不显著。（3）不同沿海港口港城协同度对城市经济增长的促进作用参差不齐，但是总体呈现中小型港口优于大型港口、专业型港口优于一般型港口的鲜明特点，这与中小型港口及专业型港口所在城市对港城关系协同发展重视程度更高，对港口发展对城市经济促进作用认识更深密不可分，大型港口所在城市基本上都是经济、产业和交通运输业高度发达的城市，港口产业虽然是城市发展的重要组成部分，但不是拉动城市经济增长和社会发展的唯一因素。（4）国内沿海主要港口所在城市的经济增长仍然离不开港口的作用，还无法实现港城关系分离进入完全依靠城市自增长效应发展的阶段，应将港城关系协同发展作为促进我国沿海港口和港口城市经济社会高质量发展的重要抓手。

4.5 本章小结

本章首先分析了我国沿海港口及沿海港口城市发展现状及趋势，然后以我国环渤海、长三角、东南沿海、珠三角、西南沿海区域内的 20 个沿海主要港口和港口城市为研究对象，计算和分析了我国沿海港口与港口所在城市之间的关系演变及其驱动机制，在此基础上又深入分析和论证了我国沿海港口与所在城市之间协调发展对城市经济增长的促进作用。

（1）改革开放以来，我国沿海港口发展经历了恢复发展、快速发展及高速发展三个典型时期，成了世界港口大国，港口硬件基础设施和技术创新水平全球领先。党和国家高度重视我国沿海港口的发展，习近平总书记多次视察我国沿海港口，并对我国沿海港口的发展多次做出重要指示批示。随着全球经济下行及我国经济进入中高速增长新常态，以及港口资源整合的不断推进，我国沿海港口也已进入平稳发展阶段，港口货物吞吐量增速逐步放缓。

我国沿海港口一方面主动适应城市经济、产业和运输结构的转型，另一方面加快功能拓展，大力发展临港产业，促进港口转型升级，提升港口综合质量效益。

（2）改革开放以来，我国沿海港口城市在沿海港口快速发展的带动下，经济贸易快速发展。从 2010 年至 2020 年我国沿海港口城市经济发展排名变化来看，我国沿海港口城市经济发展水平总体保持平稳，位于我国城市经济发展水平的前列，引领并带动我国城市经济整体的快速发展。受西部大开发、成渝经济圈建设等国家战略的带动，我国内陆地区承接了大量的沿海地区产业转移。同时凭借内陆地区资源丰富、人力成本较低等优势，产业集聚和经济发展增速显著加快，我国沿海港口城市经济增速逐渐被内陆地区超越。近年来，我国城市经济结构调整和产业转型的步伐明显加快。在产业转型升级、新型城镇化和居民消费品质升级等背景下，第三产业已经成为很多沿海港口城市的主导产业。

（3）随着我国沿海港口与所在城市的深度融合发展，沿海港口已经成为地方招商引资、带动地方经济社会发展和拉动地方就业的关键要素。但是，随着人民生活水平的不断提升、安全环保压力的不断加大以及港口资源整合的加速推进等，我国沿海港口与所在城市之间的关系也在悄然发生变化。随着我国沿海港口资源整合的加速推进，大部分地区的港口都基本达到了预期的效果，但是部分地区也出现了由于港口资源整合的推进而降低了地方政府对港口发展的热度和重视程度等负面效应。未来，随着我国沿海港口资源整合的进一步推进，我国沿海港口港城关系发展将面临新的更大的挑战。

（4）为了衡量我国沿海港口与所在城市之间的关系，本章以我国 20 个主要沿海港口及所在城市为例，构建了港城复合系统协同度模型，测算出 2000—2020 年我国沿海港口与所在城市港城协同度，并对协同度的变化趋势进行深入分析。分析结论表明：一是我国大部分沿海港口已经进入极度协调发展阶段，大连港、营口港和秦皇岛港是目前我国沿海港口中唯一处于高度协调发展阶段的 3 个港口；二是我国沿海港口港城协同度整体呈现上升的水平，但是增速逐渐放缓，在研究期内我国沿海港口港城协同度从低度协调阶段到中度协调阶段用了2年，从中度协调发展阶段到高度协调发展阶段用了5年，从高度协调发展阶段到极度协调发展阶段用了近10年时间；三是我国沿海港口港城协同度差距呈现“先扩大—后缩小—再扩大”的发展趋势，港城关系发展面临新一轮的挑战，再一次引起了行业的高度关注；四是我国沿海地区港城协同度区域分化特点显著，长三角、东南沿海和珠三角地区发展水平整体优于环渤海和西南沿海地区，这与我国环渤海和西南沿海地区经济发展水平在沿海地区中排名相对靠后、港口在地方经济发展中重视程度不高等因素密不可分；五是我国沿海港口港城协调发展程度具有南方港口优于北方港口、大型港口优于中小型港口的鲜明特点，这与大型港口、南方港口及所在城市转型升级步伐相对较快，港口城市对港城关系的动态变化跟踪和调整比较及时有密不可分的关系。

（5）为了分析我国沿海港口与所在城市港城关系的类型，本章通过计算2000—2020年我国沿海港口港城关系动态集中指数（DCI）值，得出如下结论：一是港城关系根据DCI值可以划分为港口驱动型、城市驱动型、港城互驱型三种类型。二是研究期内城市驱动型港口城市数量显著增加，港口驱动型和港城互驱型港口城市数量减少。三是港口驱动型港口城市主要分布在环渤海和西南沿海地区，这些城市大多属于近年来港口产业快速发展、港口设备设施条件大幅改善的港口城市；城市驱动型港口城市大多是我国港口发展基础条件好、优势显著、历史基础较好的港口；港城互驱型港口城市主要分布在环渤海、东南沿海和西南沿海地区，这些城市大多属于近年来港口和城市发展水平比较同步的港口城市。四是研究期内大部分沿海港口都经历了由“港口驱动型—港城互驱型—城市驱动型”的发展阶段。五是研究期内DCI值的变化主要有呈现下降趋势和呈现波动变化两种趋势。DCI值呈下降趋势表明这些港口城市的城市经济拉动力持续强于港口的拉动力，因此港城关系类型不断趋向于城市驱动型和港城互驱型发展。DCI值呈波动变化趋势表明这部分港口城市港城关系变化的主导权在城市与港口之间不断交错变换，港城关系不受任一系统单方面的作用，港口与城市互相驱动港城关系的变化发展。六是将 DCI=1 作为划分港口城市关系的平衡状态，可以分为远离平衡态和趋近平衡态两种类型。远离平衡态的港口城市的 DCI 值在不断减小，向城市驱动型和港城互驱型转变。趋近平衡态的港口城市的 DCI 值不断减小趋近于 1，由港口驱动型或城市驱动型不断向港城互驱型靠近。

（6）为了分析沿海港口与所在城市之间关系的驱动机制，本章选取了城市货运量、GDP、工业 GDP、固定资产投资、进出口总额、三二产业产值比、社会消费品零售总额和实际利用外资额 8 个指标作为港城关系的影响因素，利用 Eviews 10.0 软件进行脉冲响应分析，得出如下结论：总体来看，港口驱动型港口城市主要分布在环渤海和西南沿海地区，其区别在于环渤海地区的港口的产业结构影响因素为负向冲击，而西南沿海地区港口的产业结构影响因素为正向冲击；城市驱动型港口城市的港城关系变化多是受城市经济方面的因素所影响，但每个港口所受影响因素却不尽相同；在研究期末处于港城互驱型的港口城市主要有 5 个，每个港口所受影响因素也不尽相同。

（7）为深入分析港城复合系统协同度、资本和劳动与城市经济增长的关系，本章建立了生产函数模型，通过面板数据分析，得出如下结论：一是城市经济的增长受港城复合系统协同度、资本和劳动三种因素的共同作用。二是港城复合系统协同度对主要沿海港口的经济增长均有正向促进作用，这也反映出港城协同发展能够加速带动城市经济的增长，同时也符合港城关系发展以及对城市经济增长促进的历史性规律。三是部分城市的经济增长受港城复合系统协同度的促进作用不显著，主要原因是这些港口所在城市都出现过不同阶段和不同程度的港城协同度下降。四是不同沿海港口港城协同度对城市经济增长的促进作用参差不齐，但是总体呈现中小型港口优于大型港口、专业型港口优于一般型港口的鲜明特点，这与中小型港口及专业型港口所在城市对港城关系协同发展重视程度更高，对港口发展对城市经济促进作用认识更深密不可分。大型港口所在城市港口产业虽然是城市发展的重要组成部分，但不是拉动城市经济增长和社会发展的唯一因素。五是目前国内沿海主要港口所在城市的经济增长仍然离不开港口的作用，还无法实现港城关系分离进入完全依靠城市自增长效应发展的阶段，应将港城关系协调发展作为促进我国沿海港口和港口城市经济社会高质量发展的重要抓手。

第 5 章　我国沿海港口对城市经济贡献实证分析

本章是在我国沿海港口对城市经济贡献作用机理分析基础上开展的实证分析。首先，分析了我国沿海港口对城市经济贡献计算的主要方法；其次，重点对投入产出法和增加值法进行了深入的对比分析，确定适合我国沿海港口发展和管理实践的计算和分析方法；然后，为了对我国沿海港口经济贡献进行准确计算，对我国沿海港口经济活动的范围，以及与我国现行国民经济统计体系的关系进行了深入分析；最后，对我国沿海典型地区、典型港口经济贡献进行实证分析。

5.1 港口经济贡献计算方法

在研究方法的选择上，目前国内外关于港口经济贡献的计算方法主要有投入产出法、增加值法、定位商法、经验描述法和重力模型法等。其中，投入产出法和增加值法在国内外港口行业经济贡献的实证分析中应用最为普遍，并且衍生出投入产出乘数法和增加值改进法等优化模型，具体对比分析如下：

5.1.1 投入产出乘数法

（1）基本假设

假定在所研究的时间区段内，技术进步及劳动生产率不发生变化，也就是直接消耗系数稳定不变。假定只有港口业的变化对经济增长产生影响，也就是纯部门假设和单一线性相关假设（任泽平等，2006）。由于我国投入产出表中没有单独列出港口业这一部门，根据前述对港口经济活动范围的界定，本节把投入产出表中港口所涉及的经济活动都算作港口业（见表5-1）。

表 5-1　港口业务范围以及与投入产出表相关部门

港口经济范围	业务内容	与投入产出表相关部门
港口交通运输物流业	货物装卸、仓储、分拨、运输等	装卸搬运和其他运输服务业，仓储业，水上运输业，铁路运输业，道路运输业，管道运输业
临港产业	与港口关联密切的工业，一般坐落在临港区域范围内	先进制造业，大型装备制造业，船舶及浮动装置制造业，交通运输设备制造业等
航运服务业	航运金融保险，航运公估公算，海事法律服务，船舶租赁，航运经纪服务，航运交易服务，航运信息咨询，航运教育培训，船舶代理，货运代理，报关报检代理等	保险业，证券业，银行业，租赁业，商务服务业，其他金融服务，旅游业，教育
港口建筑业	码头建设，航道建设，港机工程，船舶装置	建筑安装业和其他建筑业
港口政府职能部门	海关，检验，公安，边防，海事，消防等	公共管理和社会组织

（2）投入产出模型

投入产出法由美国经济学家瓦西里·列昂惕夫在20世纪30年代创立（景平，2005），目前被广泛应用到公司生产经营分析、国民经济产业关联分析和国际经济关系分析中。

① 投入产出表。投入产出法的应用基础是投入产出表的编制，我国自1987 年开始，国家统计部门建立了规范的定期编表制度。随后，各个省份也都开始了投入产出表的编制工作，正是由于存在较为翔实的投入产出分析的基础资料，因此在港口的经济贡献测算中应用投入产出法成为可能。从投入产出表中可以看出，行与列交叉最后构成了投入产出表的3 个象限，分别

为第Ⅰ象限（中间投入象限）、第Ⅱ象限（最终产品象限）和第Ⅲ象限（初始投入象限）（见表 5–2）。

表 5–2 简化的投入产出表

投入 产出		中间使用				最终使用				总产出
		部门 1	部门 2	......	部门 n	消费	资本形成总额	出口	最终使用合计	
中间投入	部门 1	x_{11}	x_{12}	......	x_{1n}	c_1	k_1	e_1	y_1	x_1
	部门 2	x_{21}	x_{22}	......	x_{2n}	c_2	k_2	e_2	y_2	x_2
	......	......	......	[Ⅰ]	......	......	......	[Ⅱ]	......	......
	部门 n	x_{n1}	x_{n2}	......	x_{nn}	c_n	k_n	e_n	y_n	x_n
初始投入	劳动者报酬	w_1	w_2	......	w_n					
	生产税净额	t_1	t_2	......	t_n					
	固定资产折旧	f_1	f_2	[Ⅲ]	f_n					
	营业盈余	m_1	m_2	......	m_n					
	增加值合计	v_1	v_2	......	v_m					
总投入		x_1	x_2	......	x_n					

② 投入产出模型。在投入产出表的行列关系中，可以建立如下的等式关系：

中间使用+最终使用=总产出

即，$$\sum_{j=1}^{n} x_{ij} + y_i = x_i \quad (i = 1,2,...,n) \tag{5–1}$$

其中，x_{ij} 是第 i 部门向第 j 部门作为中间产品的投入量，同时也是第 j 部门对第 i 部门产品的使用量；x_i 表示第 i 部门的总产出，y_i 表示第 i 部门的产品作为最终使用的数量。

中间投入+初始投入=总投入

即，$\sum_{i=1}^{n} x_{ij} + v_j = x_j$ （$j = 1,2,...,n$） （5-2）

其中，x_{ij}是第 i 部门向第 j 部门作为中间产品的投入量，同时也是第 j 部门对第 i 部门产品的使用量；v_j 表示第 j 部门的最初投入数量，x_j 表示第 i 部门的总投入。

$x_i = x_j$ （$j = i$） （5-3）

$\sum_{j=1}^{n} x_j = \sum_{i=1}^{n} x_i$ （5-4）

上述几个公式明确地表述了国民经济各部门之间的技术关系，其中公式（5-1）是投入产出表的行平衡关系，即 i 部门的总产出（x_i）等于其产品中间使用量（$\sum xij$）和最终使用量（y_i）之和。公式（5-2）是投入产出表的列平衡关系，即各部门对 j 部门的中间投入（$\sum xij$）与其劳动力、资本等最初投入（v_j）之和等于其总投入量（x_j）。公式（5-3）和（5-4）则是总量平衡关系，即某部门的总投入（x_j）等于其总产出（x_i），以及整个国民经济的总投入（$\sum xj$）等于其总产出（$\sum xi$）。

③ 直接消耗系数矩阵根据投入产出表的结构构建的等式关系仅仅是核算关系式，但是依据这些关系式是无法开展经济分析的，列昂惕夫通过系数的引入把核算关系转化为一种经济分析模型。直接消耗系数是投入产出分析中的基本概念之一，其含义是生产单位某种产品对另一种产品的消耗量，公式为：

$a_{ij} = x_{ij} / x_j$ （5-5）

分子为价值表第Ⅰ象限的元素，表示 j 部门生产中对 i 产品所消耗的价值量，分母 x_j 是价值表列向总计，为 j 部门的总投入量。由于任何一部门的投入量都等于该部门的产出量，因此 a_{ij} 的含义是 j 部门每单位产出中对 i 产品消耗的价值量。

将直接消耗系数引入公式（5–1），可以得到：

$$\sum_{j=1}^{n} a_{ij}x_j + y_i = x_i \quad (i = 1,2,...,n) \qquad (5\text{–}6)$$

用矩阵形式可以表示为：

$$Ax + y = x \qquad (5\text{–}7)$$

其中，A 为直接消耗系数矩阵；x 与 y 分别为总产品与最终产品列向量，即：

$$A = \begin{bmatrix} a_{11}a_{12}...a_{1n} \\ a_{21}a_{22}...a_{2n} \\ ...... \\ a_{n1}a_{n2}...a_{nn} \end{bmatrix} x = \begin{bmatrix} x_1 \\ x_2 \\ ... \\ x_n \end{bmatrix} y = \begin{bmatrix} y_1 \\ y_2 \\ ... \\ y_n \end{bmatrix}$$

公式（5–7）中 A_x 的部分是中间产品的行向合计，因此该式仍然表示的是中间产品加最终产品等于总产品。通过模型变换和推导，可得：

$$x = (I - A)^{-1} y \qquad (5\text{–}8)$$

其中，$(I-A)^{-1}$ 被称为列昂惕夫逆矩阵，根据该矩阵以及统计所获得的某行业最初投入数字，就可以计算获得国民经济各部门对应的全部产出数字（也就是全部投入数字），再根据相关的增加值率、人均劳动报酬等参数就可以计算出某行业为国民经济带来的全部增加值和就业等数据。

④ 乘数模型。投入产出基本模型 $x = (I - A)^{-1}y$ 中，如果给定某个或若干个部门最终需求的增量，最终会带来各部门总产出若干倍的增加，产生这种倍数关系的列昂惕夫逆阵 $(I-A)^{-1}$ 就是投入产出乘数。

作为对投入产出基本模型的进一步扩展，各种要素的直接投入系数 A_v 可以通过投入产出乘数放大为完全投入系数 B_v，即：

$$B_v = A_v (I-A)^{-1} \qquad (5\text{–}9)$$

直接系数 A_v 中的元素表明的是第 j 单位总产品增加需要增加要素投入，并进一步带来的要素收入增加。而完全系数 B_v 表明的则是 j 部门单位最终产品增加不仅直接需要各种要素的增加，还间接需要其他部门的物耗投入，而为生产这些产品也需要投入要素，进而增加这些部门的要素投入。

⑤ 港口经济贡献计算应用投入产出乘数模型计算港口对城市经济的贡献，可分为以下两步：

A. 港口直接经济贡献计算

过去计算港口直接经济贡献时，主要采用德尔菲（Delphi）法确定水上运输业、仓储业、道路运输业、铁路运输业、建筑业对港口产业的转换系数。而所谓德尔菲法就是采用问卷调查的形式收集专家意见，并对意见进行统计处理和综合，再将综合的意见反馈给专家，让专家在综合意见的基础上修改自己的意见，经过这样多次的循环，最终使各专家意见达到一个统一的结果。过去这种计算港口直接经济贡献值的过程，在范围界定和方法选取上存在以下不足：

第一，计算港口直接经济贡献的范围过于狭窄，仅从水上运输业、仓储业、道路运输业、铁路运输业、建筑业五个部门展开。如今业界纷纷以港口城市为载体进一步拓展了港口业的范围，这势必对港口经济有了更深层次的理解，即以港口为依托，以各类功能区域为载体，以临港产业集群为主体，综合包含了运输经济、临港产业经济以及航运服务经济等多个方面。

第二，过去采用德尔菲法进行计算时，由于专家的主观性造成的误差系数太大，影响评估的准确性。主要是因为专家一般只是某一技术领域的专家，可能对整体经济情况和其他领域了解较少，而港口经济是一个涉及面广的产业，对港口贡献的估计势必要考虑其他产业的效益。因此，专家的意见可能就无法综合考虑到其他产业，这必将会影响结果的准确性。此外，德尔菲法运作过程比较复杂，花费时间较长。随着港口产业涉及的产业范围拉大，德尔菲法计算转换系数时的主观误差就会随之拉大。

针对以上的不足，本节提出一种改进的投入产出乘数模型计算港口直接经济贡献。

首先，利用投入产出表计算出该地区的列昂惕夫逆矩阵C。

$$C=(C_{ij})_{m\times n}=(I-A)^{-1} \tag{5-10}$$

其中，A 为直接消耗系数矩阵。$A=\begin{vmatrix} a_{11} & a_{12} & \cdots\cdots & a_{1n} \\ a_{21} & a_{22} & \cdots\cdots & a_{2n} \\ \cdots & \cdots & \cdots & \cdots \\ \cdots & \cdots & \cdots & \cdots \\ a_{n1} & a_{n2} & \cdots\cdots & a_{nn} \end{vmatrix}$，$a_{ij}=\dfrac{x_{ij}}{X_j}$，I 为单位矩阵。

然后，选择水上运输业对其他产业部门的完全需要系数矩阵 C_{ij}（其中，i 为水上运输业）为转换系数矩阵。由于港口是水上运输业的先决条件，C_{ij} 又表明第 j 个部门增加一个单位最终使用时，对第 i 个产品部门的完全需要量。因此从理论上来说，利用水上运输业对其他产业部门的完全需要系数 C_j 来测算港口业直接增加值具有一定的可行性。

即根据 $\Delta DB=\sum_{j=1}^{n}\Delta DB_j=\sum_{j=1}^{n}(N_j\times c_j),j=1,2,\ldots,n$　（5-11）

其中，N_j 为第 j 部门的增加值，C_j 为第 j 部门产值中隶属于水上运输部门产值的比重，也称转换系数。

因此，运用 C 矩阵来计算港口与其他产业的转换系数解决了德尔菲法的主观性问题，提高了结果的准确性。同时，计算过程简单，花费的时间也大大缩短。

B. 港口间接经济贡献计算

港口间接经济贡献值包括前向乘数效应和后向乘数效应。根据地区投入产出表计算出地区直接消耗系数矩阵 A0，然后运用 RAS 修正法对矩阵 A0 进行分解和合并，得出港口业的直接消耗系数 A，最终转化成地区港口业投入产出表。

a. 前向乘数效应。

设为 i 部门的前向乘数效益，则其计算公式为：

$$FB_i=\sum_{i=1}^{n}N_jh_{ij}+\sum_{k=1}^{n}\sum_{j=1}^{n}N_jh_{ik}h_{kj}+\ldots,i=1,2,\ldots,n \quad (5\text{-}12)$$

可以用矩阵表示：$FB=(I-H)^{-1}N-N$　（5-13）

其中 N 为各部门的增加值向量，H 为分配系数，其计算公式为：

$$H_i = X_{ij} / X_i (i=1,2,...,n; j=1,2,...,n)$$

式中 X_{ij} 为第 i 产品部门提供给第 j 产品部门使用产品或服务数量，X_i 为第 i 产品部门的总产出。

b. 后向乘数效应。

其计算公式为：

$$AB_i = \sum_{i=1}^{n} N_j a_{ij} + \sum_{k=1}^{n}\sum_{j=1}^{n} N_j a_{ik} a_{kj} + \cdots, i=1,2,\cdots,n \quad (5\text{-}15)$$

可以用矩阵表示为：$AB=(I-A)^{-1}N-N$ （5-16）

因此，港口经济对区域经济的间接经济贡献可表示为：

$$\Delta IDB = AB + FB \quad (5\text{-}17)$$

c. 港口波及经济贡献计算

港口波及经济贡献是指由于港口直接经济贡献和间接经济贡献的消费乘数引起的经济效益，它表现为各生产部门所创造的 GDP 增值。对港口的波及经济贡献计算时，考虑到消费乘数产生的效应，将凯恩斯乘数模型引入到投入产出模型中，形成投入产出乘数模型。

按照投入产出乘数模型的核心理论，假设国民经济部门由 n 个生产部门组成，$\Delta I=(\Delta I_1, \Delta I_2,..., \Delta I_n)'$ 为各部门自发投资增量向量，ΔI_i 是对第 i 部门的自发投资品增量。c 为消费乘数，$\Delta N=(\Delta N_1, \Delta N_2,..., \Delta N_n)'$ 为各部门增加值增量向量。于是根据乘数的概念得出：

$$\Delta N = \Delta I + c\Delta I + c^2\Delta I + ... \quad (5\text{-}18)$$

其中 $c=\sum_i y_i / \sum_j N_i$ （$0<c<1$） c 称为消费乘数 （5-19）

$$\Delta N = \frac{1}{1-c}\Delta I \quad (5\text{-}20)$$

根据公式可知，加大港口业的投入不仅会增加港口业自身的收入，还会拉动其他产业的需求，从而促进其他产业的发展。因此，直接经济贡献和间接经济贡献所引起的消费量为：（ΔDB+ΔIDB）c，那么，港口经济的波及经济贡献的计算公式可表示为：

$$\Delta CB = (\Delta DB + \Delta IDB)\frac{c}{1-c} \tag{5-21}$$

综上所述，投入产出法由于在计算间接贡献值时能考虑到国民经济产业部门中的所有产业，不管在理论上还是在实践中，都具有很强的可应用性（苏永生，2007；郭秀娟，2010），但是计算过程复杂、数据量庞大且难以应用于我国港口行业实践（数据来源基于统计局每五年编制的投入产出表）。

5.1.2 增加值改进法

为了克服投入产出法计算过程复杂、数据量庞大且难以应用于我国港口行业实践的不足，本节基于行业现有相关研究成果（王斌，2015；殷翔宇等，2021），建立了基于增加值法的我国沿海港口经济贡献计算和分析方法，同时结合我国沿海港口统计实际，对增加值法进行优化，最终建立了一套适合我国沿海港口发展和行业管理实际的，基于增加值改进法的我国沿海港口经济贡献计算方法。

（1）港口增加值内涵

国内外开展港口经济贡献计算时，通常采用增加值、就业、企业纳税、报酬等指标，其中增加值是最核心的指标。增加值（Added value）是指常住单位生产过程创造的新增价值和固定资产的转移价值（林木西和黄泰岩，2018）。港口增加值是指一段时期内港口经济活动为社会提供的运输服务（劳务）总量中新创造的价值，按生产法计算，它等于总产出减去中间投入；按收入法计算，它等于劳动者报酬、生产税净额、固定资产折旧和营业盈余之和。关于劳动者报酬、生产税净额、固定资产折旧和营业盈余的内涵和范围，国家统计局进行了明确的界定，并且有具体的会计科目。

（2）港口增加值计算方法

根据港口增加值统计核算实际，结合港口行业特点，港口增加值计算可以采用生产法和收入法两种方法（王斌，2015；朱吉双，2020；殷翔宇等，2021）。

① 生产法。生产法是将生产总成果，即货物和服务的总产品价值中扣除生产过程中需要投入的中间产品的价值计算而来。计算公式如下：

$$EVA = O + I \tag{5-22}$$

EVA 增加值

O 总产出

I 中间投入

总产出是指一个单位在一段时期内生产的所有产品和提供的服务的总价值。总产出水平反映了该单位的总体生产规模和生产能力。中间投入是指该单位在生产产品和提供服务的过程中因生产所需消耗和使用的所有非固定资产类商品以及服务的价值。具体而言，港口主业的中间投入是指从事客、货运输活动时所消耗的各种物资产品价值和由外单位提供的服务价值，既包括列入运营成本的运输生产活动中的物资消耗和服务消耗，也包括管理费用、财务费用中列支的物资消耗和服务消耗。中间投入可分为实物消耗和服务消耗两大部分，其中实物消耗包括外购燃料、动力、原材料、辅助材料、机电产品、零配件、杂备品、器材、办公用品等，服务消耗包括在生产经营活动中因外单位提供（非实物性）服务而支付的费用，如搬运费、租赁费、广告咨询费、技术开发与服务费、教育经费、财务费用等。中间投入的具体计算，可按运营财务决算成本费用总表中营业支出项下的相应要素择录或归纳填列；对不能按成本费用支出科目直接取得的，亦可采用典型调查方法推算。

② 收入法。收入法是从生产领域进行初次分配的角度进行计算的，其计算方法是从生产过程创造收入的角度，对单位的增加值进行核算，公式中右边的四个项目，分别反映了参与增加值初次分配的劳动力、政府、固定资本投入和企业四个因素的所得份额。计算公式为：

$$EVA = P + T + D + S \tag{5-23}$$

EVA 增加值

P　劳动者报酬

T　生产税净额

D　固定资产折旧

S　营业盈余

无论是生产法还是收入法，当统计核算港口的基础数据完整、准确并且连续的时候，均可计算港口增加值。但是，目前国民经济统计体系和港口相关行业统计中，缺乏直接计算港口增加值的总产出和中间投入统计指标，不能采用生产法计算港口增加值。在厘清我国沿海港口经济活动范围并且能够准确获取各相关企业劳动者报酬、生产税净额、固定资产折旧和营业盈余的情况下，可以采用收入法准确计算我国沿海港口增加值。

（3）港口增加值法优化

由于目前我国港口统计体系中仅有部分大中型港口企业每年定期对劳动者报酬、生产税净额、固定资产折旧和营业盈余四项指标进行统计，其他剩余企业缺乏相关的统计数据。本节对前文我国沿海港口增加值统计核算方法进行优化，优化后的统计核算方法如下：

① 直接经济活动增加值计算。对于直接经济活动增加值，首先可根据表 5-4 中关于港口直接经济活动的界定，直接计算各分项的增加值，然后求和得出港口直接经济活动总的增加值，即：

$$EVA_d = EVA_{d1} + EVA_{d2} + EVA_{d3} + EVA_{d3} \tag{5-24}$$

EVA_d 直接经济活动增加值

EVA_{d1} 港口主业的增加值

EVA_{d2} 港口辅助业的增加值

EVA_{d3} 港口公共管理的增加值

EVA_{d3} 港口建设的增加值

其中，港口主业增加值计算方法为：

$$EVA_{d1} = \sum EVA_{pi} \tag{5-25}$$

EVA_{pi}　码头公司的增加值

i　各码头公司（$i=1,...,n$）

但是，由于港口企业增加值一项，尚未纳入目前的国民经济统计指标体系中，在具体港口的企业财务数据中，可能无法获得直接的可靠的基础数据。因此，将核算方法进行优化，优化后的核算方法为：

$$EVA_{d1}=\frac{\sum P_i}{R_1}\times R_2 \quad (5\text{-}26)$$

或者：

$$EVA_{d1}=\frac{\sum P_i}{R_1^{'}}\times R_2^{'} \quad (5\text{-}27)$$

EVA_{d1}　码头公司的增加值

P_i　各码头公司的员工报酬总额（$i=1,...,n$）

R_1　（典型样本码头公司的）报酬占主营业务收入比率

$R_1^{'}$　交通运输行业报酬占行业总产出比率

R_2　（典型样本码头公司的）增加值占主营业务收入比率

$R_2^{'}$　交通运输行业增加值占行业总产出比率

由于现有的港口行业统计指标中，没有报酬占主营业务收入的比率和增加值占主营业务收入的比率，公式（5-26）中的报酬占主营业务收入比率和增加值占主营业务收入比率可以通过实地样本调查，采用典型码头公司的财务数据作为公式中两个比率来计算。如果实地调查数据获得仍较难，可以根据整个交通运输行业的报酬占总产出比率和增加值占总产出比率进行估算，如公式（5-27）所示。

港口辅助产业、政府公共管理和港口建设三个部分的增加值，同样，由于现有的国民经济统计中，尚未细化到具体如港口辅助行业、政府公共管理和港口建设这个层级。因此，现有的统计指标同样不支撑对这三个部分增加值的直接计算，需要对核算方法进行优化：首先计算各行业的总产出，然后乘以各行业增加值占总产出的比率得出，各行业的增加值占总产出的比率，可以参照现有国民经济统计数据计算得出整个行业的平均比率。具体计算方法如下：

$$EVA_{d2}=\sum(\frac{PA_i}{RA_i}\times RA_i^{'}) \tag{5-28}$$

EVA_{d2}　港口辅助产业的增加值

PA_i　港口各辅助行业的员工报酬总额（$i=1,...,n$）

RA_i　相对应的各行业的报酬占总产出比率

$RA_i^{'}$　相对应的各行业的增加值占总产出比率（$i=1,...,n$）

$$EVA_{d3}=\sum(\frac{PB_i}{RB_{公共}}\times RB_{公共}^{'}) \tag{5-29}$$

EVA_{d3}　政府公共管理的增加值

PB_i 港口各政府公共管理部门的员工报酬总额（$i=1,...,n$）

$RB_{公共}$　公共管理行业的报酬占总产出比率

$RB_{公共}^{'}$　公共管理行业的增加值占总产出比率

$$EVA_{d4}=\sum(OC_i\times RC_i^{'}) \tag{5-30}$$

EVA_{d4}　港口建设的增加值

OC_i　港口建设各行业产出（$i=1,...,n$）

$RC_i^{'}$ 相对应的各行业的增加值占总产出比率（$i=1,...,n$）

公式（5–28）（5–29）和（5–30）中，各行业（含公共管理行业）的报酬占总产出比率以及增加值占总产出的比率均来自国民经济统计数据。

② 间接经济活动增加值计算。间接经济活动增加值理想条件下，仍旧是以各个行业的增加值统计数据为基础，但是由于基础数据获取比较困难，对核算方法进行优化，优化后的公式为：

$$EVA_{id}=\sum(\frac{PD_i}{RD_i}\times RD_i^{'}) \tag{5-31}$$

EVA_{id}　间接经济活动增加值

PD_i　港口间接活动的员工报酬总额（$i=1,...,n$）

RD_i　相对应的各行业的报酬占总产出比率（$i=1,...,n$）

$RD_i^{'}$　相对应的各行业的增加值占总产出比率（$i=1,...,n$）

或者：

$$EVA_{id}=\sum(OI_i\times R_i) \quad (5\text{-}32)$$

EVA_{id}　间接经济活动增加值

OI_i　港口间接经济活动产出

R_i　相对应的各行业的增加值占总产出比率（$i=1,...,n$）

其中，各行业的增加值占总产出的比率来自国家统计局国民经济统计数据。

5.2 我国沿海港口经济贡献计算范围

为了对我国沿海港口经济贡献进行准确统计和核算，需要明确我国沿海港口经济贡献的统计核算范围和准确的数据来源。本节在对我国沿海港口经济活动范围进行准确界定的基础上，进一步明确了我国沿海港口经济活动与国民经济统计体系之间的关系，为我国沿海港口经济贡献的计算奠定科学的数据基础。

5.2.1 我国沿海港口经济活动范围

通过前述对我国港口及港口经济活动内涵的分析，结合我国沿海港口发展实际，为了便于港口经济活动的统计核算，可以将我国沿海港口经济活动分为直接经济活动和间接经济活动。港口直接经济活动主要包括港口主业、港口辅助产业、港口政府公共管理和港口建设，港口间接经济活动主要包括物资供应、衍生服务和其他临港产业（见表 5-3）（朱吉双，2020；殷翔宇等，2021）。

（1）直接经济活动

① 港口主业及辅助产业。主营业务为港口经营，或其主要业务是为港口生产经营活动服务的企业。具体业务包括：码头及其他港口设施服务、港

口旅客运输服务、货物装卸、仓储服务、港口拖轮、引航服务等。其中港口主业核算范围是拥有码头的企业，将其港口业务纳入核算范围。

② 港口政府公共管理。港口政府公共管理部门是海关、检验检疫、边防、公安、海事、港口行政管理、救助打捞、口岸等。

③ 港口建设。参与建设的单位是港口建设、航道建设维护以及勘察设计等方面的企业。

（2）间接经济活动

① 物资供应。参与的企业是为港口提供油、水、电、物资、设备供应的企业。

② 衍生服务。对于衍生服务，其大多作为传统港口活动的供应商，且在地理上比邻港口。主要为港区范围内的金融、信息、培训等方面的企业。

③ 其他临港产业。工业企业的货物原材料的来源和产成品需通过港口进行运输，如石油炼化企业、钢铁企业、煤炭企业等。港口有特定的临港工业园区，已经在国家或者当地政府的规划中形成规模，并且这些企业主要从事的产业包括：制造业（也就是通常意义上的工业），贸易服务业，以运输、仓储、代理为主的物流业等。

表 5–3　港口经济活动分类情况

按贡献类别划分	分类
港口直接经济活动	港口主业及辅助产业
	港口政府公共管理
	港口建设
港口间接经济活动	物资供应
	衍生服务
	其他临港产业

资料来源：作者绘制整理

5.2.2 我国沿海港口经济活动与国民经济行业分类关系

上一节港口经济活动分类是根据港口专业化的功能特征进行的分类，与国民经济行业分类既有联系，又有分别。例如，传统港口经济活动基本隶属于国民经济行业分类 G 门类——交通运输、仓储和邮政业，其中港口主业和大多数港口辅助产业属于 G553 水上运输辅助活动。港口辅助产业中的集疏运活动如按照国民经济行业分类则分别属于铁路运输业、道路运输业和管道运输业，货运代理则属于装卸搬运和运输代理业。但港口建设则已超出交通运输，属于 E4823 港口及航运设施工程建筑和 M748 工程技术与设计服务。而对于新兴或升级的港口经济活动，其国民行业分类早已超出传统意义的交通运输领域。为了便于我国沿海港口增加值的统计核算，需要将我国沿海港口经济活动与我国现有国民经济行业分类对应关系进行对照（见表 5-4）（王斌，2015；殷翔宇等，2021）。

表 5-4　我国沿海港口经济活动与国民经济行业分类关系

活动类别	分类	具体活动	国民经济行业分类
港口直接经济活动	港口主业	港口装卸	G553
	港口辅助产业	港口企业管理	G553、L72
		港口仓储	G553、G59
		助航服务	G553
		鉴证服务	G553
		船舶维护	C4342
		代理服务	G553、G582
		港口集疏运	G53、G54、G57
		劳务服务	L72
	港口政府公共管理	海关	S92
		国检	S92
		边防	S92
		公安	S92

续表

活动类别	分类	具体活动	国民经济行业分类
港口直接经济活动	港口政府公共管理	海事管理	S92
		港口行政管理	S92
		口岸综合协调	S92
		海事法院	S92
		救助打捞	S92
	港口建设	码头建设	E4823
		航道建设维护	E4823
		勘察设计	M748
港口间接经济活动	物资供应	油、水、电、物资、设备供应	D442、D461、G553 等
	衍生服务	金融服务	J662、J663
		保险服务	J682、J685
		咨询服务	L72
		培训服务	P839
		法律服务	L72
		仲裁、公证服务	L72
		港航信息服务	L72
	其他临港产业	制造、炼化……	C、F518

注：本表所使用的分类与代码均来自《国民经济行业分类 2017》（GB/T4754-2017）

5.3 我国沿海典型港口经济贡献实证分析

通过对我国国民经济统计体系中与港口相关产业的统计，结合对我国主要沿海港口的书面和实地调研，本节选取了港口表征性强、统计数据相对完善并且兼顾区域分布的典型地区、典型沿海港口进行实证分析。通过对环渤海（大连港、天津港），长三角（上海港、宁波港）以及珠三角和东南沿海（深圳港、厦门港）典型港口的分析，笔者对其港口经济贡献进行了统计核算和分析，具体计算和分析结果如下。

5.3.1 环渤海地区

（1）大连港

2020 年，大连市全年完成地区生产总值 7030.4 亿元，比上年增长 0.9%。2020 年，大连港完成货物吞吐量 3.3 亿吨，同比增长–8.8%；完成集装箱吞吐量 511 万标准箱，同比增长–41.7%。2020 年，大连港港口增加值 512.4 亿元，占当年大连市 GDP 的比重为 7.3%，其中直接增加值 25.3 亿元，占当年大连市 GDP 的比重为 0.4%，间接增加值 487.1 亿元，占当年大连市 GDP 的比重为 6.9%；单吨货物吞吐量港口增加值为 155.3 元/吨，其中单吨货物吞吐量港口直接增加值为 7.7 元/吨，单吨货物吞吐量港口间接增加值为 147.6 元/吨。

（2）天津港

2020年，天津市全年完成地区生产总值14083.73亿元，比上年增长1.5%。2020 年，天津港完成货物吞吐量 5.0 亿吨，同比增长 2.2%；完成集装箱吞吐量 1835 万标准箱，同比增长 6.1%。2020 年，天津港港口增加值 1298.6 亿元，占当年天津市 GDP 的比重为 9.2%。其中直接增加值 774.6 亿元，占当年天津市 GDP 的比重为 5.5%；间接增加值 524.0 亿元，占当年天津市 GDP 的比重为 3.7%。单吨货物吞吐量港口增加值为 259.72 元/吨，其中单吨货物吞吐量港口直接增加值为 154.9 元/吨，单吨货物吞吐量港口间接增加值为 104.8 元/吨。

5.3.2 长三角地区

（1）上海港

2020年，上海市全年完成地区生产总值38700.58亿元，比上年增长1.7%。2020 年，上海港完成货物吞吐量 6.5 亿吨，同比增长–1.9%；完成集装箱吞吐量 4350 万标准箱，同比增长 0.4%。2020 年，上海港港口增加值 4566.7 亿元，占当年上海市 GDP 的比重为 11.8%。其中直接增加值 1354.5 亿元，占当年上海市 GDP 的比重为 3.5%；间接增加值 1238.4 亿元，占当年上海市

GDP 的比重为 3.2%。单吨货物吞吐量港口增加值为 702.6 元/吨，其中单吨货物吞吐量港口直接增加值为 208.4 元/吨，单吨货物吞吐量港口间接增加值为 190.5 元/吨。

（2）宁波港

2020 年，宁波市全年完成地区生产总值 12408.7 亿元，比上年增长 3.3%。2020 年，宁波港完成货物吞吐量 6.0 亿吨，同比增长 2.9%；完成集装箱吞吐量 2705 万标准箱，同比增长 3.4%。2020 年，宁波港港口增加值 292.3 亿元，占当年宁波市 GDP 的比重为 2.4%。其中直接增加值 235.8 亿元，占当年宁波市 GDP 的比重为 1.9%；间接增加值 56.5 亿元，占当年宁波市 GDP 的比重为 0.5%。单吨货物吞吐量港口增加值为 48.7 元/吨，其中单吨货物吞吐量港口直接增加值为 39.3 元/吨，单吨货物吞吐量港口间接增加值为 9.4 元/吨。

5.3.3 珠三角和东南沿海地区

（1）深圳港

2020 年，深圳市全年完成地区生产总值 27670.24 亿元，比上年增长 3.1%。2020 年，深圳港完成货物吞吐量 2.6 亿吨，同比增长 2.8%；完成集装箱吞吐量 2655 万标准箱，同比增长 3.0%。2020 年，深圳港港口增加值 1992.3 亿元，占当年深圳市 GDP 的比重为 7.2%。其中直接增加值 498.1 亿元，占当年深圳市 GDP 的比重为 1.8%；间接增加值 664.1 亿元，占当年深圳市 GDP 的比重为 2.4%。单吨货物吞吐量港口增加值为 766.3 元/吨，其中单吨货物吞吐量港口直接增加值为 191.6 元/吨，单吨货物吞吐量港口间接增加值为 255.4 元/吨。

（2）厦门港

2020 年，厦门市全年完成地区生产总值 6384.02 亿元，比上年增长 5.7%。2020 年，厦门港完成货物吞吐量 2.1 亿吨，同比增长–2.8%；完成集装箱吞吐量 1141 万标准箱，同比增长 2.5%。2020 年，厦门港港口增加值 131.5 亿元，占当年厦门市 GDP 的比重为 2.1%。其中直接增加值 127.7 亿元，占当年厦门市 GDP 的比重为 2.0%；间接增加值 3.8 亿元，占当年厦门市 GDP 的比重为 0.06%。单吨货物吞吐量港口增加值为 62.6 元/吨，其中单吨货物吞吐量港口直接增加值为 60.8 元/吨，单吨货物吞吐量港口间接增加值为 1.8 元/吨。

表 5–5　2020 年我国部分沿海港口增加值计算结果

	港口直接增加值/亿元	占当年城市 GDP 比重/%	港口间接增加值/亿元	占当年城市 GDP 比重/%	港口增加值/亿元	占当年城市 GDP 比重/%	港口直接增加值占总增加值比重/%
大连港	25.3	0.4	487.1	6.9	512.4	7.3	4.9
天津港	774.6	5.5	524.0	3.7	1298.6	9.2	59.6
上海港	1354.5	3.5	1238.4	3.2	4566.7	11.8	29.7
宁波港	235.8	1.9	56.5	0.5	292.3	2.4	80.7
深圳港	498.1	1.8	664.1	2.4	1992.3	7.2	25.0
厦门港	127.7	2.0	3.8	0.06	131.5	2.1	97.1

表 5–6　2020 年我国部分沿海港口单吨货物增加值计算结果

	货物吞吐量/亿吨	集装箱吞吐量/万标准箱	单吨货物增加值/元/吨	单吨货物直接增加值/元/吨	单吨货物间接增加值/元/吨
大连港	3.3	511	155.3	7.7	147.6
天津港	5.0	1835	259.7	154.9	104.8
上海港	6.5	4350	702.6	208.4	190.5
宁波港	6.0	2705	48.7	39.3	9.4
深圳港	2.6	2655	766.3	191.6	255.4
厦门港	2.1	1141	62.6	60.8	1.8

通过对环渤海、长三角以及珠三角和东南沿海地区部分典型沿海港口增加值的统计核算和分析，笔者得出如下主要结论：

① 港口经济贡献更能客观准确地反映港口经济运行情况

通过对港口经济贡献统计核算范围和计算方法的分析，可以发现港口经济贡献更能客观、准确地反映我国沿海港口真实经济运行情况，这在我国沿海主要港口经济贡献计算的最终结果中也得到了很好的验证。例如，大连港2020年货物吞吐量达3.3亿吨，位列国内第八，但是大连港货物直接和间接增加值占GDP比重不到8%，其中直接增加值占GDP比重还不到1%，在全国沿海港口排名中属于比较靠后的位置，与港口吞吐量在全国排名的位置不太相符，这与大连港自身功能拓展情况以及发展实际也是基本吻合的。

② 我国沿海港口对城市经济发展具有十分重要的引擎作用

通过对我国沿海主要港口增加值的统计核算，可以发现我国沿海主要港口的发展对港口城市经济的发展具有十分重要的贡献和拉动作用。以全球第一大集装箱港口上海港为例，2020年上海港产生及带动的总增加值达4566.7亿元，占2020年上海市GDP（38700.58亿元[①]）的11.8%，上海港的发展对上海市的经济发展有着不可估量的引擎作用。此外，从港口增加值具体构成来看，上海港直接产生的增加值为1354.5亿元，占总体增加值的29.7%，说明上海港对上海的贡献更多体现在间接和波及增加值上，也就是说上海港的发展在拉动上海整个经济和社会发展中具有举足轻重的作用，它为其他产业的发展奠定了坚实基础。

③ 我国沿海主要港口经济贡献水平分化特征明显

通过对我国典型沿海港口经济贡献的统计核算和分析，可以发现我国沿海主要港口经济贡献分化特征明显。从区域分布看，长三角地区属于第一梯队，珠三角地区属于第二梯队，环渤海和东南沿海地区属于第三梯队，这与港口及地区经济发展水平总体相吻合；从具体港口来看，上海港经济贡献水平遥遥领先，属于第一梯队；天津港、深圳港经济贡献处于领先水平，属于第二梯队；大连港、宁波港、厦门港经济贡献处于跟进水平，属于第三梯队，

① 上海市统计局.2020年上海市国民经济和社会发展统计公报[R].2021.

这也反映出我国部分沿海港口经济贡献水平还有很大的提升空间。

④ 港口经济贡献水平的高低与数据准确性密切相关

在对我国沿海主要港口增加值进行统计核算的过程中，我们发现宁波港和厦门港经济贡献水平与港口经济效益差异较大，其中最主要的问题是港口统计数据获取的不完善。例如以宁波港为例，宁波港临港产业高度发达，但是在计算宁波港增加值时，由于临港企业的数据比较难以获取，因此没有将宁波港临港产业经济贡献纳入其中，造成宁波港增加值水平远远被低估；此外，厦门港也有类似的问题，由于厦门港在统计港口相关产业数据时，报送数据的企业不全面，以及部分企业报送的数据不够准确，导致厦门港增加值水平也被不同程度的低估。因此，也凸显尽快将港口经济贡献纳入国家法定统计的必要性和紧迫性。

⑤ 我国部分沿海港口经济贡献还有很大的提升空间

通过对我国沿海主要港口功能拓展情况的书面和实地调研，可以发现我国沿海大部分港口依然处在第二代港口向第三代港口迈进的发展阶段，港口经济活动仍然以港口装卸、物流仓储等传统经济活动为主，港口货物吞吐量和集装箱吞吐量很大，但是对社会产生的经济贡献水平依然较低。为促进港口转型升级功能拓展，近年来交通运输部先后发布了《关于推进港口转型升级的指导意见》《关于建设世界一流港口的指导意见》等一系列指导意见，下一步需要加强与国内领先港口的对标对表，加快推进港口功能拓展，大力发展临港产业，促进港口、城市和产业深度融合发展，为港口城市经济和社会高质量发展做出更大的贡献。

5.4 本章小结

本章首先分析了国内外港口经济贡献的主要计算和分析方法，在此基础上对投入产出法和增加值法进行了系统的分析和对比。结合我国沿海港口统计实际，对增加值法进行进一步的优化，构建了一套适合我国沿海港口发展和管理实际的港口经济贡献计算和分析方法。然后，为尽可能准确地计算港口对城市经济的贡献，对我国沿海港口经济活动范围以及与国民经济行业分类的关系进行了界定。最后，对我国沿海典型地区、典型港口经济贡献进行了实证分析。

（1）港口经济是一个涉及面非常广的经济系统，不仅涉及港口自身经济活动，其业务还涉及其他产业。因此，为了系统且全面地计算港口对城市经济的贡献，本章汲取国外港口经济贡献统计核算经验，选取了投入产出法和增加值法进行对比分析。考虑到投入产出法计算过程复杂、数据量庞大、发布周期较长且难以应用于我国港口行业实践，对增加值法进行优化形成一套适合我国沿海港口发展和管理实际的港口经济贡献统计核算和分析方法。

（2）我国沿海港口经济活动与国民经济行业分类既有联系又有分别，传统港口经济活动基本隶属于国民经济行业分类 G 门类——交通运输、仓储和邮政业，其中港口主业和大多数港口辅助产业属于 G553 水上运输辅助活动。港口辅助产业中的集疏运活动如按照国民经济行业分类则分别属于铁路运输业、道路运输业和管道运输业，货运代理则属于装卸搬运和运输代理业。对于新兴或升级的港口经济活动，其国民行业分类早已超出传统意义的交通运输领域，需要通过统计和实地调研相结合的方式对其经济贡献进行计算。因此，需要完善我国沿海港口经济贡献统计核算体系，尽快将港口增加值纳入国家统计局对交通运输行业的法定统计，实现对我国沿海港口经济贡献的定期统计核算和分析。

（3）相比港口吞吐量统计，港口经济贡献更能客观、准确地反映我国沿海港口真实运行情况。我国沿海主要港口经济贡献水平差异很大，从参与计算的港口所在地区来看，长三角地区属于第一梯队，珠三角地区属于第二梯队，环渤海和东南沿海地区属于第三梯队；从参与计算的具体港口来看，上海港遥遥领先属于第一梯队，天津港、深圳港属于第二梯队，大连港、宁波港、厦门港属于第三梯队。我国沿海港口经济贡献水平的高低与数据准确性密切相关。宁波港、厦门港等由于统计数据的不完善、覆盖范围不准确等原因，其计算结果远低于港口真实经济贡献水平，这也凸显将港口经济贡献尽快纳入国家法定统计的必要性。

（4）通过对我国沿海主要港口经济贡献的计算，笔者发现我国沿海港口对城市经济发展具有十分重要的作用，以全球第一大集装箱港口上海港为例，2020 年上海港产生及带动的总增加值达 4566.7 亿元，占 2020 年上海市 GDP（38700.58 亿元①）的 11.8%，上海港的发展对上海市的经济发展有着不可估量的引擎作用。此外，从港口增加值具体构成来看，上海港直接产生的增加值为 1354.5 亿元，占总体增加值的 29.7%，说明上海港对上海的贡献更多体现在间接和波及增加值上。也就是，说上海港的发展在拉动上海整个经济和社会发展中具有举足轻重的作用，它为其他产业的发展奠定了坚实基础。

（5）我国沿海港口整体经济贡献水平还有很大的提升空间，部分沿海港口提升空间更大。我国沿海港口要深入贯彻落实党中央、国务院关于港口和港口城市高质量发展的有关要求，落实交通运输部等相关部门加快推进港口转型升级和世界一流港口建设的具体任务，加快推进港口功能拓展，大力发展临港产业，促进港口、城市和产业深度融合发展，为港口城市经济和社会高质量发展做出更大的贡献。加强与国内其他沿海港口的对标对表，学习上海港等在港口功能拓展、港产城融合发展等方面的先进经验，加快提升港口对城市经济贡献的整体水平。

① 上海市统计局.2020 年上海市国民经济和社会发展统计公报[R].2021.

第 6 章　国内外主要沿海港口经济贡献对比研究及提升建议

本章是在对我国沿海主要港口经济贡献进行计算和分析的基础上，对全球范围内主要沿海港口经济贡献进行对比分析和研究。首先，分析国外主要沿海港口和港口对城市经济贡献情况；其次，对国内外主要沿海港口经济贡献进行对比分析；然后，分析我国主要沿海港口经济贡献与国外产生差距的主要原因；最后，提出促进我国沿海港口对城市经济贡献提升的建议。

6.1 国外主要沿海港口经济贡献

根据对全球前 20 大港口的统计分析，2020 年全球前 20 大港口中除中国港口外分别为新加坡港、德黑兰港、鹿特丹港、釜山港和光阳港；全球前 20 大集装箱港口中除中国港口外分别为新加坡港、釜山港、鹿特丹港、迪拜港、巴生港、安特卫普港、丹戎帕拉帕斯港、洛杉矶港、汉堡港、长滩港和纽约新泽西港。综合考虑全球港口分布情况，分别选取鹿特丹港、汉堡港、安特卫普港、洛杉矶港、长滩港、纽约新泽西港、新加坡港和釜山港作为代表，对上述港口经济贡献进行国内外对比分析。此外，考虑到国内外港口经济贡献发布周期和频率不一样，我们选取 2020 年作为对标年份，对国内外主要沿海港口经济贡献（增加值、就业等）进行对比分析，并提出提升我国沿海港口对城市经济贡献的对策建议。

6.1.1 欧洲主要沿海港口

（1）鹿特丹港

鹿特丹港位于欧洲贸易的中心，是欧洲第一大集装箱港口和最大的枢纽港，是亚洲和北欧之间每周船舶挂靠次数最多的地区，也是欧洲大陆首选的第一个和最后一个挂靠港。凭借多年的投资经营，鹿特丹港如今拥有可以连接到超过 1000 个港口的全球网络、卓越的基础设施和优质服务，从而成为世界上四通八达、快捷和高效的港口，同时还是处理干散货、液体散货和集装箱货物的市场领导者。鹿特丹港的领先地位在于其可适合任何远洋船 24 小时进入，广泛的近洋、驳船、铁路和公路连接网络，可以在 24 小时内到达 5 亿客户和所有主要欧洲工业中心。2020 年，鹿特丹港完成货物吞吐量 4.37 亿吨，其中干散货 6380 万吨，液体散货 1.92 亿吨，集装箱 1.51 亿吨，件杂货 3000 万吨；完成集装箱吞吐量 1434 万标准箱。

2020年，鹿特丹港共创造增加值456亿欧元，占荷兰GDP的比重为6.2%，其中直接增加值 18 亿欧元，间接增加值 9.2 亿欧元，“鹿特丹效应”直接和间接增加值 14.8 亿欧元，海运业务直接增加值 2.3 亿欧元，海运业务间接增加值 1.3 亿欧元。2020 年，鹿特丹港共带动就业 38.45 万人，占鹿特丹总人口的 37.7%，占荷兰总人口的 2.3%，占荷兰全部就业人口的 4.2%，其中直接拉动就业 12.18 万人，间接拉动就业 10.33 万人，“鹿特丹效应”直接和间接拉动就业 13.03 万人，海运业务直接拉动就业 1.84 万人，海运业务间接拉动就业 1.07 万人[①]。

（2）汉堡港

汉堡这座城市距离河口只有大约 70 海里的距离，交通十分便利。汉堡港位于北海和波罗的海之间，德国北部易北河下游，是德国最大的港口，也是欧洲第三大集装箱港口。汉堡港每年约有 7500 艘次船舶挂靠，在全长 43 公里的码头岸线上拥有近 300 个泊位，每周来往 1300 多列货运列车，拥有四个现代化集装箱码头、三个邮轮码头和大约 50 个滚装和散装货物的专业装卸设施，在城市区域内拥有约 7300 家物流公司。2020 年，汉堡港完成货物吞吐量 1.26 亿吨，其中干散货 2690 万吨，液体散货 1160 万吨，集装箱

① Port of Rotterdam.https://www.portofrotterdam.com/en/experience-online/facts- and-figures.

8660 万吨，件杂货 120 万吨，完成集装箱吞吐量 850 万标准箱。

2020 年，德国港口共创造增加值 508 亿欧元，其中大汉堡地区港口共创造增加值 124 亿欧元；汉堡港共创造增加值 80.1 亿欧元，其中直接和间接增加值 51 亿欧元。2020 年，德国港口共创造税收 26 亿欧元，其中汉堡港创造税收 12 亿欧元。2020 年，汉堡港为德国提供了 60.7 万个就业岗位，其中，6.8 万个岗位与港口直接相关（4.7 万个岗位不在港口范围内），汉堡港内的每家企业平均为德国提供 141 个就业岗位。

（3）安特卫普港

安特卫普港位于安特卫普市的北侧，斯凯尔特河下游，距离河口 68~89km，是比利时最大的海港，也是欧洲第二大港口。安特卫普港拥有得天独厚的地理位置，位于欧洲内陆的中心位置，500 公里内消费圈消费能力占整个欧洲的 60%。安特卫普港拥有欧洲最大的石化产业集群和广泛的仓储能力，是欧洲最大的综合海运、物流和产业平台。2020 年，安特卫普港完成货物吞吐量 2.31 亿吨，其中干散货 1160 万吨，液体散货 6900 万吨，集装箱 1.39 亿吨，件杂货 1120 万吨；完成集装箱吞吐量 1202 万标准箱。

2020 年，安特卫普港共创造增加值 188.9 亿欧元，占比利时 GDP 的比重为 4.1%[①]，其中直接增加值 111.8 亿欧元，间接增加值 77.1 亿欧元；与海运业务相关的（货物装卸、航运代理、航运公司等）增加值 39.3 亿欧元，与海运业务不直接相关的（化工产业、燃油制造、贸易等）增加值 72.5 亿欧元[②]。2015-2020 年安特卫普港增加值情况（见表 6-1），2020 年安特卫普港排名前 10 位的增加值创造企业（见表 6-2）。

① 根据比利时中央银行统计，2020 年比利时 GDP 为 4568.93 亿欧元，按 1：0.8 的换算系数，约合 5711.16 亿美元。

https://stat.nbb.be/Index.aspx?DataSetCode=COMEXT&lang=en.

② National Bank of Belgium. Economic importance of the Belgian maritime and inland ports Report 2020, https://www.nbb.be/doc/ts/publications/wp/wp407en.pdf.

表 6-1 2015—2020 年安特卫普港增加值（单位：百万欧元）

	2015 年	2016 年	2017 年	2018 年	2019 年	2020 年	贡献率/%*
货物装卸	1654.1	1701.7	1778.6	1774.3	1808.1	1805.4	0.0
航运公司	656.4	582.3	355.2	338.5	605.5	800.1	1.8
代理企业	633.3	609.5	615.6	606.3	596.5	605.5	0.1
其他海运业务	741.6	709.2	728.5	701.8	690.8	717.6	0.2
海运业务总计	3865.4	3602.7	3477.9	3420.9	3700.9	3928.6	2.1
化工	3421.8	3165.0	3671.5	3730.5	3148.0	3124.2	–0.2
贸易	901.7	999.2	1077.2	1116.0	1167.6	1062.7	–0.9
燃油加工	1063.4	1066.6	1258.4	1016.0	1045.6	1005.9	–0.4
其他非海运业务	1790.0	1857.7	1937.2	1846.4	1998.7	2054.7	0.5
非海运业务总计	7176.9	7088.5	7944.3	7708.9	7359.9	7247.5	–1.0
直接增加值	10862.4	10691.3	11422.1	11129.9	11060.8	11176.2	1.0
间接增加值	8233.1	7777.0	8007.1	7870.2	7816.2	7713.3	
总增加值	19095.5	18468.3	19429.2	19000.1	18877.0	18889.5	

注：*表示对 2019—2020 年经济增长的贡献率。

资料来源：比利时国家银行（NBB）

表 6-2 2020 年安特卫普港排名前 10 位的增加值创造企业

排名	公司名称	所属行业
1	巴斯夫股份公司（安特卫普）	化工行业
2	科威特石油公司（比利时）	贸易
3	Centrale Der Werkgevers Aan De Haven Van Antwerpen	货物装卸
4	Euronav	航运公司
5	Total Energies Refinery Antwerp	燃油制造
6	埃克森美孚石油化工公司	燃油制造
7	Gunvor Petroleum Antwerpen	燃油制造
9	Dredging International	港口建设和疏浚
10	安特卫普港务局	港务局

资料来源：比利时国家银行（NBB）

2020 年，安特卫普港共拉动就业 14.2 万人，其中直接拉动就业 6.3 万人，间接拉动就业 7.9 万人；与海运业务相关的（货物装卸、航运代理、公共部门等）就业 2.8 万人，与海运业务不直接相关的（化工产业、其他物流服务、燃油加工业等）就业 3.5 万人（见表 6–3）；排名前 10 位的创造就业企业（见表 6–4）。

表 6–3 2015—2020 年安特卫普港就业人数（单位：人）

	2015 年	2016 年	2017 年	2018 年	2019 年	2020 年	贡献率/%*
货物装卸	13671	13893	14341	15050	15726	15889	0.3
代理企业	6687	6596	6570	6421	6173	6018	–0.2
公共部门	1745	1740	1699	1669	1766	1752	0.0
其他海运业务	4006	4178	4050	4147	4233	4281	0.0
海运业务总计	26109	26407	26660	27287	27898	27940	0.2
化工	10800	10873	10979	11281	11486	11717	0.4
其他物流服务	4351	4627	5244	5477	5637	5495	–0.2
燃油加工	2751	2752	2904	2873	2917	2905	0.0
其他非海运业务	14977	14698	14901	14478	14785	14724	–0.1
非海运业务总计	32879	32950	34028	34109	34825	34841	0.1
直接就业人数	58987	59356	60688	61397	62722	62781	0.1
间接就业人数	72848	72906	75235	78381	79687	79166	
总就业人数	131835	132262	135923	139778	142409	141947	

注：*表示对 2019—2020 年经济增长的贡献率。

资料来源：比利时国家银行（NBB）

表 6–4 2020 年安特卫普港排名前 10 位的创造就业企业

排名	公司名称	所属行业
1	Centrale Der Werkgevers Aan De Haven Van Antwerpen	货物装卸
2	巴斯夫股份公司（安特卫普）	化工行业

续表

排名	公司名称	所属行业
3	Public Sector	公共服务
4	安特卫普港务局	港务局
5	General Services Antwerpen	货物装卸
6	埃克森美孚石油化工公司	燃油制造
7	Total Energies Refinery Antwerpen	燃油制造
8	Dredging International	港口建设和疏浚
9	Evonik Antwerpen	化工产业
10	Electrabel	能源

资料来源：比利时国家银行（NBB）

6.1.2 美国主要沿海港口

（1）洛杉矶港和长滩港

洛杉矶港位于美国西南部加利福尼亚州西南沿海圣佩德罗湾的顶端，西海岸洛杉矶县洛杉矶市，濒临太平洋的东侧，是美国跨太平洋航线的主要门户，是美国第一大集装箱港口，也是美国最繁忙的港口。长滩港位于美国加利福尼亚州南部，西海岸洛杉矶县长滩市，洛杉矶以南 40 公里。长滩港是美国跨太平洋航线的主要门户，美国第二大集装箱海港，仅次于洛杉矶港。2020 年，洛杉矶长滩港完成货物吞吐量 2.62 亿吨，完成集装箱吞吐量 1731 万标准箱。其中，洛杉矶港完成货物吞吐量 1.83 亿吨，完成集装箱吞吐量超过 921 万标准箱；长滩港完成货物吞吐量 7850 万吨，完成集装箱吞吐量 810 万标准箱。

2020 年，美国从洛杉矶长滩港获得 50 亿美元的海关收入，向地方、州和联邦贡献了 466 亿美元的税收收入，创造了 3740 亿美元的直接和间接销售收入，创造了 1268 亿美元的贸易相关工资收入，创造了 2000 亿美元的经济贡献[①]。2020 年，洛杉矶港创造的经济贡献占美国西海岸的 40%，占全美的 17%；洛杉矶长滩港创造的经济贡献占美国西海岸的 73%，占全美的 30%。2020 年，洛杉矶港向洛杉矶市提供了 13.3 万个就业岗位，占洛杉矶市就业岗位的 1/13；向洛杉矶长滩地区共提供了 17.1 万个就业岗位，占整个洛杉矶长滩地区的 1/12。2020 年，洛杉矶港向全美提供了 158.5 万个就业岗位，占全美就业岗位的 1/90；洛杉矶长滩港向全美提供了 298.1 万个就业岗位，占全美就业岗位的 1/48。2020 年，长滩港向长滩市提供了 5.1 万个就业岗位，占长滩市就业岗位的 1/5；向全美提供了 260 万个就业岗位。

（2）纽约新泽西港

纽约新泽西港临近全球最繁忙的大西洋航线，是美国纽约湾区最大的港口，是美国东海岸最大的集装箱港，也是美国第 3 大集装箱港口，排在洛杉矶港和长滩港之后。2020 年，纽约新泽西港完成货物吞吐量 8630 万吨，集装箱吞吐量 759 万标准箱，位列美国第 3 位、全球第 20 位（上海国际航运研究中心，2021）。

2019 年（2020 年数据尚未发布），纽约新泽西港向地方、州和联邦贡献了 119.65 亿美元的税收收入，创造了 995.44 亿美元的直接和间接销售收入、361.32 亿美元的工资收入。2019 年（2020 年数据尚未发布），纽约新泽西港共创造了 50.64 万个就业岗位，其中直接就业岗位 23.91 万个。纽约新泽西港向新泽西州地方、州和联邦贡献了 9.8 亿美元的税收收入，创造了 804 亿美元的直接和间接销售收入、293 亿美元的工资收入，提供了 42.83 万个就业岗位（直接就业岗位 20.5 万个）；向纽约州地方、州和联邦贡献了 20 亿美元的税收收入，创造了 172 亿美元的直接和间接销售收入、59 亿美元的工资收入，提供了 5.97 万个就业岗位（直接就业岗位 2.3 万个，见表 6-5）[②]。

---

① Facts fact sheet on the Port，https://www.polb.com/port-info/port-facts-faqs/#facts-at-a-glance.

② New York Shipping Association.2020 Report on the Economic Value of the New York-New Jersey Port Industry[R]. https://nysanet.org/wp-content/uploads/2020_NYSA_Economic_Impact.pdf.

表 6-5 2019 年纽约新泽西港经济贡献

	直接就业/人	总就业/人	居民收入/百万美元	经济活动/百万美元	州和地方税/百万美元	联邦税/百万美元	总税收/百万美元
散货	3417	19110	1960	6011.6	268.5	408.8	677.3
干散货	210	760	70.2	210.4	9.5	14.6	24.2
滚装	1224	5059	490.5	1472.5	67.0	62.4	129.4
集装箱	29180	88156	7958.5	22782.0	1096.3	1654.1	2750.4
邮轮	2469	4100	287.5	762.4	60.6	57.9	118.5
仓储	178731	323610	18705.7	49554.7	2086.4	4030.6	6117.0
代理	10078	22367	1834.5	4762.1	212.9	366.9	579.8
总部和其他	4800	16504	1698.8	4829.3	228.9	340.9	569.8
政府	2752	6644	667.4	1625.1	13.2	127.6	140.8
保险	3323	11923	1305.3	4402.5	197.8	275.9	473.7
银行	2932	8118	1153.8	3131.7	146.6	237.8	384.4
总计	239116	506351	36132.2	99544.3	4387.7	7577.5	11965.3

资料来源：The Economic Impact of the New York-New Jersey Port Industry 2020 Report，http://nysanet.org/wp-content/uploads/2020_NYSA_Economic_Impact.pdf

6.1.3 亚太主要沿海港口

（1）新加坡港

新加坡港位于东西贸易主航路和亚洲地区的中心地带，连接全球 120 多个国家的 600 多个港口。2020 年，新加坡港共完成货物吞吐量 5.91 亿吨，位列全球第 6 位；共完成集装箱吞吐量 3687 万标准箱，位列全球第 2 位，其中中转箱占比达到 85%，是亚太地区最大的中转港。新加坡港凭借优越的地理位置和港口硬件基础设施条件，以集装箱国际中转服务为基础，大力延伸现代航运服务产业链，衍生出了保税燃油加注、航运金融保险、海事法律仲裁等服务，新加坡保税燃油加注量连续多年稳居全球第 1 位。2020 年，新加坡港创造的经济贡献占新加坡 GDP 的 7%，提供了 17 万个就业岗位，拥有 5000 家以上海事相关机构[①]。

（2）釜山港

釜山港位于韩国东南沿海，是韩国最大的港口，也是世界第 7 大集装箱港和第 12 大货港。釜山港是韩国海陆空交通的枢纽，又是金融和商业中心，在韩国的对外贸易中发挥重要作用。釜山市工业仅次于首尔，其中机械工业尤为发达，而造船、轮胎生产居韩国首位。2020 年，釜山港完成货物吞吐量 4.1 亿吨，完成集装箱吞吐量 2181 万标准箱。2020 年，釜山港营业收入 12.3 万亿韩元，创造增加值 6.3 万亿韩元，占釜山地区当年国民生产总值的 7.4%（含出口产业）[②]，占韩国当年国民生产总值的 0.38%。截至 2020 年底，釜山港港口产业共有雇员 44543 名。

（3）香港港[③]

香港港地处我国粤港澳大湾区，拥有得天独厚的地理位置优势。过去数十年来，中国内地制造业持续增长，香港作为这些制造业腹地的门户，一直专注于直接货运。其后，随着邻近珠三角城市的经济和港口迅速发展，香港港已经转型为转运港。香港港是全球最繁忙的货柜港之一，其优势包括自由港政策、处理货物的高效率以及与世界各地的紧密联系和广泛覆盖的班轮服务（每星期约有 300 多班次的班轮服务往来全球的 450 个目的地）。2020 年，香港港完成货物吞吐量 2.5 亿吨，完成集装箱吞吐量 1796 万标准箱。2020 年，香港港海运及港口业的直接贡献占香港本地生产总值（GDP 3465.86 亿美元）的 1.1%（2.4 万亿元），并提供 87000 个就业岗位，占总就业人口的 2.3%。海运及港口业支撑贸易和物流业的发展，该行业分别占本地生产总值的 21%和总就业人口的 19%。

---

① 新加坡海事及港务管理局（MPA）. Maritime Sustainability Reporting Guide[R].2021.

② 根据韩国海洋水产部下属海洋水产开发研究院（KMI）统计测算，2020 年釜山港港口产业对韩国国民经济（GDP）贡献率为 7.42%，其中航运和港口业贡献率为 3.49%，出口业贡献率为 3.93%。

③ 香港港为中国国内港口，但考虑到香港港管理模式以及港口经济贡献统计核算方法和对比分析的方便，将其放到亚太主要沿海港口板块进行分析。

表 6–6　2020 年国外主要沿海港口经济贡献情况

港口	所在国家	港口增加值		港口所在城市GDP/亿美元	港口增加值占所在城市GDP 比重/%		港口所在国家GDP/亿美元	港口增加值占所在国家 GDP 比重/%	
		总增加值	其中：直接和间接		总占比	其中：直接和间接		总占比	其中：直接和间接
鹿特丹港	荷兰	456.0 亿欧元	27.2 亿欧元	930.2	61.3	3.7	9100.0	6.2	0.4
汉堡港	德国	80.1 亿欧元	51.0 亿欧元	1476.7①	6.8	4.3	38500.0	0.3	0.2
安特卫普港	比利时	188.9 亿欧元	188.9 亿欧元	997.0	23.7	23.7	5700.0	4.1	4.1
洛杉矶长滩港	美国	2000.0 亿美元	—	11520.0②	17.4	—	209400.0	1.0	—
纽约新泽西港	美国	648.4 亿美元	—	10651.5③	2.8	—	209400.0	0.3	—
新加坡港	新加坡	238.0 亿美元	—	3400.0	7.0	—	3400.0	7.0	—
釜山港	韩国	60.0 亿美元	—	780.0	7.4	—	15800.0	0.4	—
香港港	中国	38.1 亿美元	38.1 亿美元	3465.9	1.1	1.1	3465.9	1.1	1.1

注：1. 2020 年美元兑欧元按 1：0.8 计算。

2. 纽约新泽西港为 2019 年统计数据。

3. 香港港统计口径为海运及港口业直接经济贡献。

① 2020 年，汉堡市 GDP 为 1181.35 亿欧元，按 1：0.8 的换算系数，约合 1476.69 亿美元。https://www.ceicdata.com/en/germany/esa–2010–gdp–by–region/gdp–hamburg

② 2020 年，洛杉矶长滩港所在城市 GDP 数据采用洛杉矶市 GDP 数据。

③ 2020 年，纽约新泽西港所在城市 GDP 数据采用纽约市 GDP 数据。

表 6-7 2020 年国外主要沿海港口带动就业情况

港口	所在国家	港口拉动就业人数/万人		港口所在城市人口/万人	拉动就业人数占所在城市人口比重/%	拉动就业人数占所在城市就业人口比重/%	港口所在国家人口/千万	拉动就业人数占所在国家人口比重/%	拉动就业人数占所在国家就业人口比重/%
		总就业人数	其中：直接加间接就业人数						
鹿特丹港	荷兰	38.5	22.5	102.0	37.7	—	1.7	2.3	4.2
汉堡港	德国	60.7	—	175.4	34.6	—	8.3	0.7	1.4
安特卫普港	比利时	14.2	14.2	105.5	13.5	—	1.1	1.3	2.9①
洛杉矶长滩港	美国	298.1	—	—	—	—	33.3	0.9	2.1
其中：洛杉矶港	美国	13.3	—	408.7	3.3	7.7	—	—	—
长滩港	美国	5.1	—	50.0	10.2	20.0	—	—	—
纽约新泽西港	美国	50.6	—	874.0	5.8	—	33.3	0.2	0.3
新加坡港	新加坡	17.0	—	560.0	3.0	4.7②	0.6	3.0	4.7
釜山港	韩国	4.5	—	334.4	1.3	2.5	5.2	0.1	0.2③
香港港	中国	8.7	8.7	742.0	1.2	2.3	0.7	1.2	2.3

注：香港港统计口径为海运及港口业直接就业人数。

① 根据比利时中央银行统计，2020 年比利时就业人口为 497.74 万人。

② 根据 CEIC 数据库统计，2020 年新加坡就业人口数量为 360 万人。

③ 据韩国统计厅发布的《2020 年 12 月及全年就业动向》资料，2020 年全年韩国就业人口为 2690.4 万人。

6.2 国内外主要港口经济贡献对比结论

通过对我国和国外主要沿海港口经济贡献测算结果的对比分析，笔者得出以下主要结论。

6.2.1 国内外关于港口经济贡献的统计调查和核算机构不尽相同

由于国外港口大部分采用“地主港”的管理模式，政府部门和社会大众对港口经济贡献、拉动就业等指标十分看重，每年或每隔几年都会公开定期发布港口经济贡献和就业等相关数据，用来宣传港口对当地经济社会发展带来的重要贡献。但是，由于各个国家的重视程度不同，对港口经济贡献和就业等的调查统计和核算机构也不一样，安特卫普港由比利时国家银行每年进行官方统计核算，汉堡港、洛杉矶长滩港、纽约新泽西港、新加坡港、香港港等由港务局进行统计核算，鹿特丹港、釜山港等由政府委托第三方机构进行统计核算。国内港口目前没有官方的统计调查和核算机构以及机制，受交通运输部的委托，交通运输部水运科学研究院对我国沿海港口经济贡献的统计调查和核算方法进行了试点研究。

6.2.2 国内外关于港口经济贡献的统计核算方法具有一定可比性

虽然国外港口普遍采用“地主港”的管理模式，而且关于港口经济贡献的统计调查和核算机构不一，但是采用的统计调查和核算方法基本大同小异。针对国内港口，都采用统一的港口经济贡献统计调查和核算方法，并且与国外采用的统计调查和核算方法也基本一致，因此国内外港口经济贡献的核算结果无论在港口经济贡献规模、占所在国家（城市）GDP 比重以及拉动就业等方面都具有一定的可比性。但是，由于国外港口对港口经济贡献的核算时间较长，核算对象范围和核算方法都相对固定，因此核算结果稳定性和准确性都相对较高。国内港口经济贡献的核算方法经过几年的试点也相对比较成熟，但是由于尚未纳入国家统计局及交通运输部法定统计范围，各港口书面和实地调研的数据范围和准确性不一，因此总体核算结果偏小，准确性和稳定性有待进一步提高，并且缺乏对就业、税收和拉动投资等相关指标的统计。

6.2.3 我国主要沿海港口经济贡献与国外相比具有一定的差距

通过定量分析，笔者发现参与测算的我国沿海主要港口增加值与国外主要沿海港口相比具有显著的差距。从港口增加值总体规模来看，除上海港港口增加值突破 600 亿美元以外，大部分沿海港口增加值都在 300 亿美元以下，与欧美主要沿海港口之间差异较大，与新加坡港、釜山港等亚洲沿海港口之间水平相当；从港口增加值占所在国家（城市）GDP 比重来看，我国沿海主要港口与欧美国家差异进一步扩大，与新加坡港、釜山港相比也有不小的差距。鹿特丹港、安特卫普港等欧洲港口由于港口城市规模较小，港口已经成为城市经济发展的主导产业，港口增加值占所在城市 GDP 的比值可以高达 20%~30%，鹿特丹港甚至超过了 60%。新加坡作为城市国家，港口增加值占国家 GDP 的比重达到 7%，遥遥领先其他国家沿海港口。上述分析结果也反映出我国虽然已经是全球港口大国，上海港集装箱吞吐量和宁波舟山港货物吞吐量都稳居全球第一，但港口经济贡献水平还有很大的提升空间，港口对地区经济社会发展的作用还有待进一步提升。

表 6–8　2020 年国内外主要沿海港口经济贡献对比分析

港口	港口增加值/亿美元		港口增加值占所在城市 GDP 比重/%		港口所在国家 GDP/亿美元	港口增加值占所在国家 GDP 比重/%	
	总增加值	其中：直接和间接	总占比	其中：直接和间接		总占比	其中：直接和间接
洛杉矶长滩港	2000.0	—	17.4	—	209400.0	1.0	—
上海港	662.8	376.3	11.8	6.7	147200.0	0.5	0.3

续表

港口	港口增加值/亿美元		港口增加值占所在城市 GDP 比重/%		港口所在国家 GDP/亿美元	港口增加值占所在国家 GDP 比重/%	
	总增加值	其中：直接和间接	总占比	其中：直接和间接		总占比	其中：直接和间接
纽约新泽西港	648.4	—	2.8	—	209400.0	0.3	—
鹿特丹港	570.0	34.0	61.3	3.7	9100.0	6.2	0.4
深圳港	289.2	168.7	7.2	4.2	147200.0	0.2	0.1
新加坡港	238.0	—	7.0	—	3400.0	7.0	—
安特卫普港	236.0	236.0	23.7	23.7	5700.0	4.1	4.1
天津港	188.5	188.5	9.2	9.2	147200.0	0.1	0.1
汉堡港	100.1	63.8	6.8	4.3	38500.0	0.3	0.2
大连港	74.4	74.4	7.3	7.3	147200.0	0.1	0.1
釜山港	60.0	—	7.4	—	15800.0	0.4	—
宁波港	42.4	42.4	2.4	2.4	147200.0	0.03	0.03
香港港	38.1	38.1	1.1	1.1	3465.9	1.1	1.1
厦门港	19.1	19.1	2.1	2.1	147200.0	0.01	0.01

注：1. 美元兑欧元按 1：0.8 计算，美元兑人民币按 1：6.89 计算。
2. 纽约新泽西港为 2019 年统计数据。
3. 国内沿海港口数据为作者统计调查和初步核算的数据，不是政府部门或港口企业最终发布的数据。

6.2.4 我国主要沿海港口单吨货物经济贡献与国外相比差距显著

通过对我国主要沿海港口单吨货物吞吐量增加值的统计核算，笔者发现我国主要沿海港口单吨货物增加值与国外主要沿海港口相比差距很大，比港口增加值总体规模的差距进一步扩大。通过对比分析可以发现，全球主要沿海港口单吨货物增加值总体呈现美国>欧洲>新加坡>中国和韩国的总体格局。一方面，反映出欧美等国家港口装卸费率总体较高，港口总体经济效益较好；另一方面，反映出欧美等国家港口功能不断转型，向高端服务业方向迈进，不盲目追求港口吞吐量等规模指标，更加注重追求港口经济效益、安全绿色以及社会贡献。这一现象更加凸显了我国沿海港口要加快转型升级、提质增效，打造世界一流港口的必要性和紧迫性，从而更好地服务国家战略和国民经济社会高质量发展。

表 6–9　2020 年国内外主要沿海港口单吨货物经济贡献情况

港口	港口增加值/亿美元		港口货物吞吐量/亿吨	港口集装箱吞吐量/万 TEU	单吨货物增加值/美元/吨
	总增加值	其中：直接和间接			
纽约新泽西港	648.4	—	0.8	759.0	810.5
洛杉矶长滩港	2000.0	—	2.6	1731.0	769.2
鹿特丹港	570.0	34.0	4.4	1434.0	129.5
深圳港	289.2	168.7	2.6	2655.0	111.2
安特卫普港	236.0	236.0	2.3	1202.0	103.0
上海港	662.8	376.3	6.5	4350.0	102.0
汉堡港	100.1	63.8	1.3	850.0	77.0
新加坡港	238.0	—	5.9	3687.0	40.3
天津港	188.5	188.5	5.0	1835.0	37.7
大连港	74.4	74.4	3.3	511.0	22.5
香港港	38.1	38.1	2.5	1796.0	15.2
釜山港	60.0	—	4.1	2181.0	14.6
宁波港	42.4	42.4	6.0	2705.0	7.1
厦门港	19.1	19.1	2.1	1141.0	9.1

注：1.美元兑欧元按 1∶0.8 计算，美元兑人民币按 1∶6.89 计算。
2.纽约新泽西港为 2019 年统计数据。
3.国内沿海港口的数据为作者统计调查和初步核算数据，不是政府部门或港口企业最终发布的数据。

6.3 国内外沿海港口经济贡献差异原因

通过对当前国内外主要沿海港口经济贡献的对比分析，笔者发现我国主要沿海港口与国外主要沿海港口之间还存在较大的差距，尤其是单吨货物产生的经济贡献与国外主要沿海港口相比差异更大，分析产生这一现象的原因，主要集中在以下几个方面。

6.3.1 港口管理模式的差异导致对港口发展目标不完全相同

港口管理模式的形成、发展与其所在国地理、政治、历史等因素息息相关，从世界范围来看，不同国家、同一国家不同时期的港口管理模式都各不相同。随着全球范围内港口管理体制改革的不断推进，当前全球港口管理模式主要可以分为地主港管理模式、政府和企业共同管理模式和私营企业管理模式三种（见表 6-10）。其中，地主港管理模式适用范围最广，欧美和韩国的港口普遍采用该模式。新加坡和我国的港口采用的是政府和企业共同管理的模式，政府负责港口航道、锚地等公共基础设施的建设，其他设施的建设和运营管理由企业负责。私营企业管理模式是指港口完全划归民有，私营企业全权负责港口的建设、运营与管理，如香港港，但这类港口管理模式在国际重要的大中型港口中占比较少。

表 6-10　国内外主要港口管理模式

管理模式	基础设施	上层建筑	服务功能	代表港口
地主港管理模式	公共	私有	公共/私有	纽约新泽西港、洛杉矶长滩港、鹿特丹港、安特卫普港、汉堡港、釜山港
政府和企业共同管理	公共	私有	公共/私有	新加坡港、大连港、天津港、上海港、宁波港、深圳港、厦门港
私营企业管理	私有	私有	主要是私有	香港港

资料来源：作者绘制整理

不同的港口管理模式导致政府对港口企业的经营管理考核不同，港口企业自身对企业发展的目标追求也不同。地主港管理模式下，政府部门对港口未来发展的战略和规划经常由中央政府、地方政府以及社会公众等共同参与，政府会从港口公共服务和商业服务的属性综合考虑，更加追求港口的可持续发展和港口的社会经济效益的平衡，因此对港口经济贡献（增加值、税收、就业等）会很看重，每年会定期向社会公众发布港口经济贡献的报告。香港港等私营企业经营管理的港口，则更看重港口的经济效益，对于港口的经济贡献及社会效益等不够重视，相关统计核算体系也不够完善。新加坡和我国采用的是政府和企业共同管理的模式，政府部门既看重经济效益也看重社会效益，企业更加看重经济效益。因此目前新加坡和国内关于港口经济贡献的重视度也不如普遍采用地主港管理模式的欧美国家，关于港口经济贡献的统计核算体系也不够完善。不同的港口管理模式造成的港口发展追求目标的差异，使得采用地主港管理模式的国家港口经济贡献统计核算体系相对比较完善，港口经济贡献水平也相对较高。

6.3.2 港口发展所处代际直接决定了港口经济贡献总体水平

根据联合国贸发会议关于第四代港口内涵的认定，第四代港口主要处理的货物是集装箱，通过实施港航联盟和港际联盟，大力发展整合性物流，提高管理、规则、标准等方面的软实力，最具有代表性的港口是美国洛杉矶和长滩的组合港，以及丹麦哥本哈根和瑞典马尔摩的组合港。根据国际权威机构及各沿海港口（港务局）自身评价，鹿特丹港、汉堡港、安特卫普港、纽约新泽西港、新加坡港、釜山港、香港港、上海港、宁波港、天津港、深圳港等都是典型的第三代港口，并正在向第四代港口和第五代港口迈进。目前，国内大部分的沿海港口都处于第二代港口向第三代港口迈进的阶段，包括大连港、厦门港等（见表 6-11）。

表 6-11　国内外主要沿海港口功能代际特征

港　口	第一代港口	第二代港口	第三代港口	第四代港口
洛杉矶长滩港	●	●	●	●
纽约新泽西港	●	●	●	○
鹿特丹港	●	●	●	○
深圳港	●	●	●	○
安特卫普港	●	●	●	○
上海港	●	●	●	○
汉堡港	●	●	●	○
新加坡港	●	●	●	○
天津港	●	●	●	○
大连港	●	●	○	
香港港	●	●	●	○
釜山港	●	●	●	○
宁波港	●	●	●	○
厦门港	●	●	○	

注：●表示属于第几代港口；○表示具备第几代港口的特征。

资料来源：联合国贸发会议及国内外主要沿海港口及港务局调研整理

港口发展所处的代际代表了港口的主营业务和服务功能，可以发现国内外主要沿海港口经济贡献水平与其所处的代际高度吻合。洛杉矶长滩港作为目前国际公认的第四代港口，2020 年港口增加值达到 2000 亿美元，遥遥领先于其他国内外主要沿海港口，单吨货物增加值也仅次于纽约新泽西港位列全球主要沿海港口第二位。上海港、纽约新泽西港、鹿特丹港、深圳港、新加坡港、安特卫普港、天津港、汉堡港等第三代港口 2020 年港口增加值都超过 100 亿美元，位于国内外主要沿海港口经济贡献第二梯队。大连港、釜山港、厦门港等沿海港口都处于第二代向第三代港口迈进的阶段，其 2020 年港口增加值都不到 100 亿美元。香港港由于仅统计了海运及港口业的直接贡献，所以整体经济贡献水平较低。

6.3.3 港口功能拓展情况决定了港口总经济贡献水平的大小

港口代际特征决定了港口经济贡献总体水平及所处阶段，港口服务功能范围和拓展情况决定了国内外主要沿海港口经济贡献水平的大小。可以根据新华社中国经济信息社和交通运输部水运科学研究院联合发布的《世界一流港口综合评价报告 2021》来代表全球沿海主要港口功能拓展情况。世界一流港口是为带动区域经济社会发展，满足人民美好生活需要提供一流服务，在安全、便捷、高效、绿色、经济方面居于行业领先水平，并具有世界影响力的港口。根据交通运输部等九部委联合印发的《关于建设世界一流港口的指导意见》，世界一流港口评价指标中明确包含了对城市支撑和内陆腹地覆盖度、港产城融合程度、要素集聚程度、现代港航服务业发展水平等关键和核心指标，反映了全球主要沿海港口功能拓展情况和经济贡献水平。（见图 6–1）

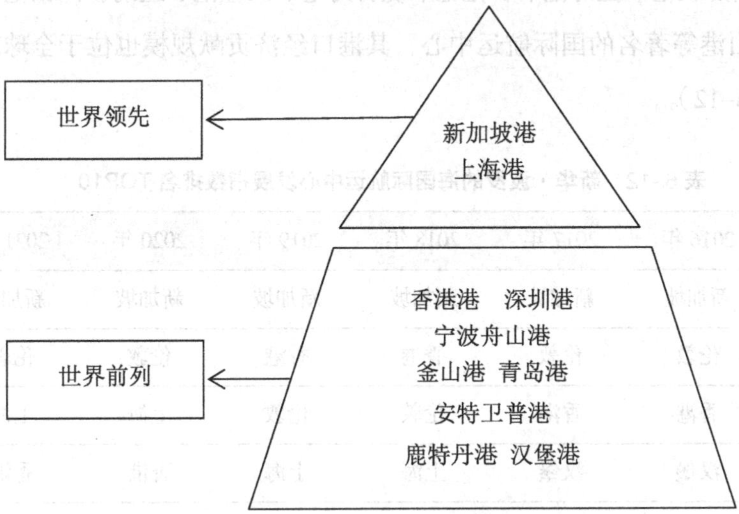

图 6–1　世界一流港口综合评价结果

资料来源：新华社中国经济信息社和交通运输部水运科学研究院联合发布的《世界一流港口综合评价报告 2021》

根据评价结果，世界一流港口综合评价结果与国内外主要沿海港口经济贡献水平基本吻合。新加坡港、上海港是目前全球公认的世界领先港口，其港口经济贡献水平也处于国内外主要沿海港口领先水平。香港港、深圳港、宁波舟山港、釜山港、青岛港、安特卫普港、鹿特丹港和汉堡港等世界前列港口，其港口经济贡献水平也位于全球主要沿海港口前列。欧洲的安特卫普港、鹿特丹港、汉堡港等由于港口吞吐量规模、岸线利用效率、客户服务效率等方面近年来被新加坡港和我国部分沿海港口超过，因此其在世界一流港口综合排名中属于世界前列。但是由于其发达和成熟的临港产业，其港口经济贡献规模明显超过国内外其他沿海港口。洛杉矶长滩港和纽约新泽西港由于近年来暴发的新冠疫情对其港口效率产生了较大的负面影响，港口拥堵情况十分严重，所以评价结果不具有代表性。

此外，目前国内外主要沿海港口中很多都是国际航运中心港口，新华社中国经济信息社和波罗的海交易所联合发布的《2021 新华·波罗的海国际航运中心发展指数报告》也在很大程度上反映了国内外主要沿海港口经济贡献水平，新加坡港、上海港、香港港、鹿特丹港、汉堡港、纽约新泽西港以及宁波舟山港等著名的国际航运中心，其港口经济贡献规模也位于全球前列（见表 6-12）。

表 6-12　新华·波罗的海国际航运中心发展指数排名 TOP10

排名	2016 年	2017 年	2018 年	2019 年	2020 年	2021 年
1	新加坡	新加坡	新加坡	新加坡	新加坡	新加坡
2	伦敦	伦敦	香港	香港	伦敦	伦敦
3	香港	香港	伦敦	伦敦	上海	上海
4	汉堡	汉堡	上海	上海	香港	香港
5	鹿特丹	上海	迪拜	迪拜	迪拜	迪拜
6	上海	迪拜	鹿特丹	鹿特丹	鹿特丹	鹿特丹

续表

排名	2016 年	2017 年	2018 年	2019 年	2020 年	2021 年
7	纽约新泽西	纽约新泽西	汉堡	汉堡	汉堡	汉堡
8	迪拜	鹿特丹	纽约新泽西	纽约新泽西	雅典-比雷埃夫斯	雅典-比雷埃夫斯
9	东京	东京	东京	休斯敦	纽约新泽西	纽约新泽西
10	雅典-比雷埃夫斯	雅典-比雷埃夫斯	釜山	雅典-比雷埃夫斯	东京	宁波舟山

资料来源：新华社中国经济信息社联合波罗的海交易所发布的《2021 新华·波罗的海国际航运中心发展指数报告》

6.3.4 港口经济贡献统计核算方法影响结果的准确性和稳定性

对国内外主要沿海港口经济贡献统计核算方法的分析结果表明：一是由于国外主要沿海港口由于普遍采用地主港的管理模式，其高度重视对港口经济贡献的统计核算和定期发布，因此关于港口经济贡献统计核算的方法和实践都相对比较成熟，并且经过了多年的修正完善，其发布的港口经济贡献具有很强的纵向可比性。而国内关于港口经济贡献的统计核算方法尚未完全统一，现有的行业实践经验形成了一定的经验积累，还需要进一步通过统计核算实践修正完善。因此，国内统计核算的保守性和数据准确性等原因，导致国内主要沿海港口统计核算出的经济贡献水平整体低于国外主要沿海港口；二是从具体港口的角度来看，纽约新泽西港、洛杉矶长滩港、鹿特丹港、安特卫普港、汉堡港等港口经济贡献排名比较靠前的沿海港口，都是每年定期对其港口经济贡献进行准确的统计核算并公开发布，而新加坡港、香港港、釜山港等港口都是隔几年进行一次统计核算分析，并且仅简单地公布经济贡献总体水平及占 GDP 的比重，缺乏具体的核算范围和方法分析，核算结果误差较大，准确性有待提升。我国主要沿海港口经济贡献的统计核算由于刚起步，其准确性和稳定性相对更差一些。

6.4 促进我国沿海港口经济贡献提升的建议

6.4.1 提升港城关系重视程度，加大政府政策支持力度

沿海港口所在城市地方政府要充分认识到沿海港口在拉动地方经济增长和带动地方经济社会高质量发展方面的重要作用，促进沿海港口与所在城市的协调发展。具体而言，一是要充分认识沿海港口具有的公益性属性，落实《港口法》的有关要求，确保对港口航道、锚地等公共基础设施的资金投入，有序推进煤、油、矿、箱等专业化码头建设，在满足区域经济社会发展需求的基础上保持一定韧性；二是要高度重视港城关系的协调发展，加大对港城关系的正面宣传，引导社会公众客观准确认识港城关系协调发展的重要性，打造和谐的港城关系形象；三是要密切跟踪、准确研判港城关系所处发展阶段，因地（时）制宜地出台促进港城关系协调发展的政策措施，使港城关系始终处于螺旋式上升的发展轨道，带动沿海港口及所在城市的高质量发展；四是要降低港口发展过程中对城市发展带来的负面影响，优化城市交通和港口集疏运体系，减少港口集疏运通道给城市交通带来的压力；有序推进港口货运功能搬迁，降低噪声、港口安全事故等对城市的影响；大力推进邮轮、游艇和旅游码头建设，将城市内传统货运码头逐渐调整为旅游、客运码头，或改为城市生活空间，满足人民群众对亲水岸线的需求。

6.4.2 推进城市产业优化升级，促进港产城关系融合发展

制造业是我国国民经济的支柱产业和经济增长的发动机，我国制造业发达城市大多起步和发展于我国沿海城市。根据赛迪顾问发布的《2020 先进制造业城市发展指数》，我国排名前 20 位的先进制造业城市大部分都位于沿海地区[①]。我国沿海港口城市要结合自身优势，加快推进城市产业转型升级，促进港产城融合发展。具体而言，一是加快推进港口城市产业转型升级，不断优化三次产业结构，提升第二和第三产业在经济中的比重，大力发展有地

① 赛迪顾问.2020 先进制造业城市发展指数[R].2020.

方特色和发展优势的产业，夯实制造业发展基础，加大国内外高端制造业招商引资力度，在土地、岸线、税收等方面给予相应的优惠政策，提升制造业国际竞争力；二是优化临港产业布局，大力发展临港产业，实施“腾笼换鸟”工程，将石化、电力、造船等既需要岸线资源又能够带来高附加值的产业优先布置在临港区域，提高单位岸线的经济产出，提升临港产业对城市经济发展的支撑水平；三是优化港区空间布局和功能分工，统筹新港区开发与老港区改造，布局在城市中心地区的老港区要逐步退出货运功能，将货运码头岸线调整为客运、旅游或城市景观岸线；有序推进新港区开发和建设，结合地方和区域经济社会发展需要，大力发展煤、油、矿、箱等专业化码头；有序推进滚装汽车、粮食、冷链、邮轮、游艇等专业化码头建设，满足城市产业转型升级和人民群众对美好生活向往的需要。

6.4.3 加快拓展港口服务功能，提升港口对城市经济贡献水平

目前，我国大部分沿海港口依然处在第二代港口向第三代港口迈进的发展阶段，港口货物吞吐量和集装箱吞吐量很大，但是对社会产生的经济贡献与国外相比依然较低，要进一步提升沿海港口对城市经济的贡献水平。具体而言，一是深入落实交通运输部等相关部门加快推进港口转型升级和世界一流港口建设的要求，从发展思路和理念上进行转变，从以往的追求港口货物吞吐量为主向追求港口综合质量效益转变，加快拓展港口服务功能，提升港口综合效益；二是要根据港口及所在城市所处发展阶段，主动适应城市经济、产业和运输结构调整的需要，从“运得了”向“运得好”转变，从单纯的提供装卸运输服务向提供一站式配套服务转变，实现与城市、产业的协同发展；三是要对标世界一流港口，有序拓展港口服务功能，做强做优港口装卸仓储主业，大力发展冷链、汽车、化工等专业物流，增强中转配送、流通加工等增值服务，延伸港口物流产业链，积极发展港航商贸、金融、保险、信息等现代服务业，提升港口对城市经济的贡献水平。

6.4.4 加大行业宣传引导力度，优化沿海港口考核目标

港口行业和地方政府要充分认识到促进我国沿海港口转型升级、引导我国沿海港口优化发展目标、促进我国沿海港口和港口城市高质量发展的重要性。具体而言，一是要加快引导港口企业从追求货物吞吐量向追求综合质量效益转变，将港口经济贡献纳入地方政府对港口企业发展的考核目标，以及港口企业自身发展战略目标，引导沿海港口向高质量发展方向转变；二是要继续推进基于增加值改进的我国沿海港口经济贡献计算方法在我国沿海港口的应用，尽快形成一套适合我国沿海港口发展和管理需要的港口经济贡献统计核算和分析体系，将港口增加值纳入国家统计局对交通运输行业的法定统计，形成科学、标准、规范的我国沿海港口统计体系，同步探索将就业、税收等指标纳入国家统计局法定统计的可行性；三是要定期发布我国沿海港口经济贡献分析报告，引导社会大众充分认识到我国沿海港口在地方经济社会发展中的重要作用；四是要充分学会借鉴国外主要沿海港口在港口经济贡献统计核算、发布应用以及行业宣传引导等方面的经验，不断优化我国沿海港口经济贡献统计分析方法和发布方式，加强我国沿海港口与国外主要沿海港口发展的对标，有针对性地采取措施，不断提升我国沿海港口整体经济贡献水平。

6.4.5 有序推进港口资源整合，促进港城关系持续协调发展

推进港口资源整合是促进港口提质增效、化解过剩产能、优化资源配置的重要举措，对于建设国际一流港口、促进港城关系协同发展、服务经济社会高质量发展具有重要意义。我国沿海港口资源整合进程加速推进，先后成立了北部湾国际港务集团、浙江海港集团、江苏港口集团、福建港口集团等多个省级港口集团。各地政府要结合港口资本属性、功能定位、企业规模等有序推进港口资源整合，并且探索在长三角等地区成立更大规模的区域港口集团。地方政府要避免因港口资源整合、港口管理权限上收到省里，而降低对沿海港口发展的支持，甚至限制或耽误沿海港口的发展，要加强和省政府

和省级港口集团之间的协调，使港口资源整合不仅惠及港口企业自身，同时更好地与地方经济社会发展实现联动。要充分发挥港口资源整合带来的红利，加强区域性航道、锚地等公共基础设施的共享共用，提升港口公共基础设施的利用效率。

6.5 本章小结

本章分析了国外主要沿海港口的发展现状，并对其经济贡献水平进行了统计学分析，对国内外主要沿海港口经济贡献水平进行了对比分析，得出了提升我国沿海港口经济贡献的建议，为我国沿海港口未来发展提供了方向和参考。

（1）综合考虑全球沿海港口分布和港口规模情况，本章分别选取鹿特丹港、汉堡港、安特卫普港、洛杉矶港、长滩港、纽约新泽西港、新加坡港、釜山港和香港港作为代表，对上述沿海港口发展现状及 2020 年经济贡献水平进行分析。分析得出 2020 年中国大陆以外主要沿海港口增加值水平从高到低分别为：洛杉矶长滩港（2000 亿美元）、上海港（662.8 亿美元）、纽约新泽西港（648.4 亿美元）、鹿特丹港（570 亿美元）、新加坡港（238.0 亿美元）、安特卫普港（236 亿美元）、汉堡港（100 亿美元）、釜山港（60.0 亿美元）、香港港（38.1 亿美元）；按港口增加值占所在城市 GDP 比重从高到低分别为：鹿特丹港（61.3%）、安特卫普港（23.7%）、洛杉矶长滩港（17.4%）、釜山港（7.4%）、新加坡港（7.0%）、汉堡港（6.8%）、纽约新泽西港（2.8%）、香港港（1.1%）；按港口增加值占所在国家 GDP 比重从高到低分别为：新加坡港（7.0%）、鹿特丹港（6.2%）、安特卫普港（4.1%）、香港港（1.1%）、洛杉矶长滩港（1.0%）、釜山港（0.4%）、纽约新泽西港（0.3%）、汉堡港（0.3%）。

（2）通过对国内外主要沿海港口经济贡献测算结果的对比分析，笔者得出以下主要结论：一是国内外关于港口经济贡献的统计调查和核算机构不尽相同，主要可以分为由国家政府部门进行统计核算（安特卫普港等），由港务局进行统计核算（汉堡港、洛杉矶长滩港、纽约新泽西港、新加坡港、香港港等），以及由第三方权威机构进行统计核算（鹿特丹港、釜山港以及我国主要沿海港口等）三种模式；二是虽然国外港口普遍采用“地主港”的管理模式，而且关于港口经济贡献的统计调查和核算机构不一，但是采用的统计调查和核算方法基本大同小异，可以与我国沿海主要港口经济贡献进行对比分析；三是我国主要沿海港口经济贡献总体规模与国外相比具有显著的差距，具体到单位吞吐量经济贡献与国外相比差距更大，这也凸显了加快引导我国沿海港口由追求吞吐量向追求综合经济效益的必要性和紧迫性。

（3）目前我国主要沿海港口在全球主要沿海港口经济贡献中的排名相对落后，主要原因体现在以下几个方面：一是港口管理模式的差异导致对港口发展追求的目标不完全相同，纽约新泽西港、洛杉矶长滩港、鹿特丹港、安特卫普港、汉堡港、釜山港等采用地主港管理模式的港口，对港口经济贡献（增加值、税收、就业等）的重视度明显高于采用政府和企业共同管理模式的新加坡港和我国沿海港口，同时也高于私营企业管理的香港港。二是港口发展所处代际直接决定了港口经济贡献的总体水平，洛杉矶长滩港（第四代港口）经济贡献水平明显高于纽约新泽西港、鹿特丹港、汉堡港、安特卫普港、新加坡港、釜山港、香港港、上海港、宁波港、天津港、深圳港等第三代港口，更高于大连港、厦门港等从第二代向第三代迈进的港口。三是港口功能拓展情况决定了港口总经济贡献水平的大小。根据新华社和交通运输部水运科学研究院联合发布的《世界一流港口综合评价报告 2021》以及新华社和波罗的海交易所联合发布的《2021 新华·波罗的海国际航运中心发展指数报告》，世界一流港口和国际航运中心发展指数排名靠前即港口功能拓展较好的港口，其港口经济贡献水平也相对较高。四是港口经济贡献统计核算方法影响港口经济贡献的准确性和稳定性。国外沿海主要港口普遍采用地主港的管理模式，其港口经济贡献统计核算方法和实践都相对比较成熟，港口经济贡献统计核算相对准确和稳定。国内主要沿海港口经济贡献的统计核算方法刚起步，尚未纳入国家统计局及交通运输部法定统计范围，各港口书面和实地调研的数据范围和准确性不一，总体核算结果偏小，准确性和稳定性有待进一步提高。

（4）当前，我国大部分沿海港口所在城市的经济增长仍然离不开港口的作用，还达到实现港城关系分离进入完全依靠城市自增长效应发展的阶段，应将港城关系协同发展和港口经济贡献提升作为促进我国沿海港口和港口城市经济社会高质量发展的重要抓手。为了提升我国沿海港口对城市经济贡献水平，促进我国沿海港口及港口城市高质量发展，笔者建议：一是提升对我国沿海港口和港城关系发展的重视程度，加大政府政策、资金等全方位支持力度，促进我国沿海港口与所在城市持续协调发展；二是推进港口城市产业优化升级，大力发展制造业及临港产业，优化临港产业布局，促进港口-城市-产业深度融合发展；三是加快拓展我国沿海港口服务功能，延伸我国沿海港口服务链条，大力发展高附加值产业和现代服务业，提升我国沿海港口对城市经济的贡献水平；四是加大对港口经济贡献的行业宣传和引导力度，优化沿海港口考核和发展目标，引导我国沿海港口由追求吞吐量向追求综合质量效益转变；五是有序推进港口资源整合，使港口资源整合不仅惠及港口企业自身，同时更好地和地方经济社会发展实现联动，促进港城关系协调发展；六是不断提升城市营商环境水平，加大城市招商引资吸引力度，加快优化水运口岸营商环境，更好地服务港口所在城市经济社会高质量发展。

第7章　结论与展望

本书研究了我国沿海港口对城市经济贡献的理论机制，并通过实证分析验证了我国沿海港口与港口城市之间的关系以及港城协调发展对城市经济贡献增长的重要作用。通过对国内典型地区、典型港口对城市经济贡献的实证分析和国内外对标，本书提出提升我国沿海港口对城市经济贡献的措施建议。本章在归纳主要研究成果的基础上提出相关政策启示，最后就后续研究提出展望。

7.1 主要结论

（1）本书采用定性与定量相结合的方法，首先，从理论角度明确了港口、港口经济以及港口对城市经济贡献等核心概念的内涵及范围；其次，构建了我国沿海港口对城市经济贡献的理论分析框架，并对我国沿海港口对城市经济贡献的机理进行系统分析；然后，采用协同度模型、DCI模型、生产函数模型、面板数据模型以及增加值改进模型等分别对我国沿海港口与所在城市关系演变及驱动机制、港城协同发展对城市经济增长的促进作用以及我国沿海港口对城市经济贡献等进行实证分析；最后，通过对国内外主要沿海港口经济贡献的对比分析，提出提升我国沿海港口对城市经济贡献水平的建议。具体研究结论如下：

通过对国内外研究成果和行业实践的分析，本书构建了我国沿海港口对城市经济贡献的理论分析框架，并对我国沿海港口对城市经济贡献的机理进行系统分析得出：①我国沿海港口对城市经济贡献的机理包括沿海港口与港口城市关系机理，以及沿海港口对城市经济贡献作用机理两个方面，前者是后者的重要组成部分，也为研究我国沿海港口对城市经济贡献的作用机制奠定了理论前提；②我国沿海港口与港口城市的关系机理主要包括沿海港口与港口城市的空间演变机制、沿海港口与港口城市经济互动机制、沿海港口与城市及产业融合发展机制，以及沿海港口所在城市自增长效应机制；③在分析我国沿海港口与港口城市关系机理的基础上，进一步分析我国沿海港口对城市经济贡献的作用机理，主要包括沿海港口对港口城市经济发展的传导机制、沿海港口与港口城市产业联动发展机制、沿海港口对港口城市内外双向辐射机制，以及沿海港口对港口城市经济增长提升机制，为后续的实证分析奠定了扎实的理论分析基础。

（2）本书分析了我国沿海港口与港口城市发展现状及趋势，并得出如下主要结论：①我国沿海港口码头泊位等级不断提升，结构不断优化，装卸能力不断提升，自动化水平不断提高，基础设施规模、能力和科技创新水平全球领先，能满足并适度超前于我国进出口贸易和经济社会发展的需要；②我国沿海港口规模继续保持稳步增长，但是发展速度逐步放缓，由追求规模效应进入高质量发展阶段；③我国沿海港口临港产业规模不断扩大，港口-产业-城市之间关系更加紧密，沿海港口和临港产业已经成为带动港口城市经济增长的重要动力；④我国沿海港口资源整合加速，港口企业规模越做越大，对港口城市的整体经济拉动作用不断增强，但部分地区因为省级和市级层面利益分配不均，出现港口城市对港口发展支持力度下降甚至分离等现象；⑤我国沿海港口城市经济发展水平整体高于内陆城市，但增速放缓将逐渐被内陆城市超越，港口城市经济、产业、运输结构不断优化，沿海港口主动适应和服务港口城市的高质量发展。

（3）基于熵权法和协同度模型，对 2000—2020 年我国主要沿海港口及所在城市两个子系统港城复合系统协同度进行测算，分析发现：截至 2020 年，我国沿海港口中除大连港、营口港和秦皇岛港 3 个港口处于高度协调发展阶段，其他大部分沿海港口已经进入极度协调发展阶段；我国沿海港口港城协同度整体呈现上升的水平，但是增速逐渐放缓。在研究期内，我国沿海港口从低度协调发展阶段到中度协调发展阶段历时 2 年，从中度协调发展阶段到高度协调发展阶段历时 5 年，从高度协调发展阶段到极度协调发展阶段历时近 10 年；我国沿海港口港城协同度差距呈现“先扩大—后缩小—再扩大”的发展趋势，港城关系发展面临新一轮的挑战；我国沿海地区港城协同度区域分化特点显著，长三角、东南沿海和珠三角地区发展水平整体优于环渤海和西南沿海地区。

（4）基于 DCI 模型计算和分析，可以将我国沿海港口港城关系划分为城市驱动型、港口驱动型和港城互驱型三种类型。在研究期内，城市驱动型港口城市数量显著增加，港城互驱型和港口驱动型港口城市数量减少；大部分沿海港口都经历了由“港口驱动型—港城互驱型—城市驱动型”的发展阶段；DCI 值的变化主要有呈下降和呈波动变化两种趋势；将 DCI=1 作为划分港口城市关系的平衡状态，可以分为远离平衡态和趋近平衡态两种类型。从驱动机制来看，城市驱动型港口城市的发展主要依靠城市发展来拉动，港口的发展已经相对成熟和稳定；港口驱动型港口城市的发展仍然依靠港口发展来拉动，港口依然是城市经济发展的重要推动力和抓手；港城互驱型港口城市实现了港口与城市的协同发展，港口与城市经济发展呈螺旋式上升。港口驱动型港口城市主要分布在环渤海和西南沿海地区，区别在于环渤海地区港口的产业结构影响因素为负向冲击，而西南沿海地区港口的产业结构影响因素为正向冲击；城市驱动型港口城市的港城关系变化多是受城市经济方面的因素影响，但每个港口所受影响因素却不尽相同；在研究期末，处于港城互驱型的港口城市有 5 个，每个港口所受影响因素也不尽相同。

（5）基于生产函数和面板数据模型分析，港城协调发展对我国主要沿海港口的经济增长均有正向促进作用。我国大部分沿海港口城市的港城协同发展均在不同程度上对城市经济发展具有促进作用。部分城市的经济增长受港城复合系统协同度的促进作用不显著，主要原因是这些港口所在城市都出现过不同阶段和不同程度的港城协同度下降。不同沿海港口港城协同度对城市经济增长的促进作用参差不齐，但是总体呈现中小型港口优于大型港口、专业型港口优于一般型港口的鲜明特点，这与中小型港口及专业型港口所在城市对港城关系协同发展的重视程度更高、对港口发展对城市经济促进作用的认识更深密不可分。大型港口所在城市基本上都是经济、产业和交通运输业高度发达的城市，港口产业虽然是城市发展的重要组成部分，但不是拉动城市经济增长和社会发展的唯一因素。目前，国内沿海主要港口所在城市的经济增长仍然离不开港口的作用，还无法达到港城分离进入完全依靠城市自增长效应发展的阶段，应将港城关系协同发展作为促进我国沿海港口和港口城市经济社会高质量发展的重要抓手。

（6）通过对投入产出模型和增加值模型的对比分析，结合我国沿海港口发展和管理实际，本书构建了一套适合我国沿海港口和港口城市发展需要的、基于增加值改进模型的沿海港口经济贡献统计核算和分析方法，对我国沿海典型地区、典型港口经济贡献进行实证分析。通过国内外对比分析得出：①国内外关于港口经济贡献的统计调查和核算机构不尽相同，主要可以分为由国家政府部门进行统计核算（安特卫普港等）、由港务局进行统计核算（汉堡港、洛杉矶长滩港、纽约新泽西港、新加坡港等）、以及由第三方权威机构进行统计核算（鹿特丹港、釜山港以及我国主要沿海港口等）三种模式；②虽然国外港口普遍采用“地主港”的管理模式，而且关于港口经济贡献的统计调查和核算机构不一，但是采用的统计调查和核算方法基本大同小异，可以与我国沿海主要港口经济贡献进行对比分析；③由于国内主要沿海港口经济贡献的统计核算方法刚起步，尚未纳入国家统计局及交通运输部法定统计范围，各港口书面和实地调研的数据范围和准确性不一，总体核算结果偏小，准确性和稳定性有待进一步提高；④我国主要沿海港口经济贡献总体规模与国外相比具有显著的差距，具体到单位吞吐量经济贡献与国外相比差距更大，这也凸显了促进我国沿海港口与所在城市协调发展以及我国沿海港口对所在城市经济贡献水平提升的重要性和紧迫性。

（7）通过对国内外主要沿海港口经济贡献的对比分析，本书得出我国主要沿海港口与国外主要沿海港口经济贡献存在较大差距的主要原因：①港口管理模式和追求目标的不同，不同的港口管理模式造成港口发展追求目标的差异，采用地主港管理模式的国家港口经济贡献统计核算体系相对比较完善，港口经济贡献水平也相对较高。②港口发展所处代际直接决定了港口经济贡献总体水平，洛杉矶长滩港作为目前国际公认的第四代港口，2020 年港口增加值达到 2000 亿美元，遥遥领先于其他国内外主要沿海港口，单吨货物增加值也仅次于纽约新泽西港位列全球主要沿海港口第二位；上海港、纽约新泽西港、鹿特丹港、深圳港、新加坡港、安特卫普港、天津港、汉堡港等第三代港口，2020 年港口增加值都超过 100 亿美元，位于国内外主要沿海港口经济贡献第二梯队；大连港、釜山港、厦门港等沿海港口都处于第二代向第三代港口迈进的阶段，其 2020 年港口增加值都不到 100 亿美元；香港港由于仅统计了海运及港口业的直接贡献，所以整体经济贡献水平较低。③港口服务功能范围和拓展情况决定了国内外主要沿海港口经济活动范围和发展水平，也影响港口对城市经济贡献水平的高低。④港口经济贡献统计核算方法影响结果的准确性和稳定性，统计核算范围越准确、统计核算方法越科学、统计数据越完整，计算出的港口经济贡献水平越接近港口真实水平。

7.2 政策启示

基于上述研究结论，本书认为要高度重视我国沿海港口和港口城市的高质量发展和港城关系的协调发展，通过促进我国沿海港口和港口城市的转型升级、提质增效以及港城关系的持续协调发展，不断提升我国沿海港口对城市经济的贡献水平，服务我国沿海港口和港口城市的高质量发展，具体建议如下：

（1）要提升地方政府对我国沿海港口和港城关系发展的支持力度

地方政府要加大对沿海港口发展的重视程度，落实《港口法》的有关要求，确保对港口航道、锚地等公共基础设施的投资力度，根据港口腹地经济社会发展需要，加大财政和税收政策支持力度，有序推进港口基础设施建设，满足并适度超前港口城市正常的经济社会发展需要。在当前安全环保等硬性要求下，要发挥考核指标的导向作用，引导贸易、物流等企业充分发挥水运运量大、运费低、安全环保等优势，更多地将原有的公路运输货物转向水路运输。要加大对港城关系的正面宣传，引导社会公众客观准确认识港城关系协调发展的重要性，打造和谐的港城关系形象。要密切跟踪、准确研判港城关系所处发展阶段，因地制宜、因时制宜地出台有利于港城关系协调发展的政策措施，使港城关系始终处于螺旋式上升的发展轨道，带动沿海港口与港口城市的高质量发展。

（2）要不断优化城市和口岸营商环境，促进临港产业高质量发展

我国沿海港口城市要高度重视改善营商环境，通过优化营商环境吸引更多的制造业等企业进驻，服务临港产业和地方经济社会发展；同时，通过优化政府办事流程、推进网上一站式服务、出台财税支持政策等措施，帮助解决落地企业生存困难，让企业继续生根发芽、做大做强；要依托沿海港口城市自由贸易试验区、自由贸易港的口岸监管和政策创新，不断优化水运口岸通关流程，压缩通关材料和通关时间，提高通关效率和服务水平。同时，我国沿海港口城市要结合自身优势，加快推进制造业优化升级，大力发展有地方特色和发展优势的制造业，加大对国内外知名制造企业的招商引资力度，在土地、岸线、税收等方面给予相应的优惠政策，加快培育本土制造企业品牌，提升制造企业国际竞争力和品牌影响力，服务我国沿海港口及城市经济的高质量发展。

（3）要加快引导我国沿海港口转型升级，提升港口企业质量效益

沿海港口要深入贯彻落实交通运输部等部门联合印发的《关于推进港口转型升级的指导意见》《关于建设世界一流港口的指导意见》等文件要求，根据港口自身发展所处代际水平，进一步优化港口装卸仓储主业，完善港口船舶供应和服务保障体系；大力发展冷链、汽车、化工等专业物流，增强中转配送、流通加工等增值服务，延伸港口物流产业链；积极发展港航商贸、金融、保险、信息等现代服务业，提升航运服务能级，支撑世界一流的国际

航运中心建设；促进港口业与旅游业的深度融合，提升邮轮、游艇、渡船等客运码头综合服务功能，提升港口综合服务功能和水平，促进港口转型升级、提质增效，向高质量发展方向持续迈进，更好地满足人民群众对水上旅游的需求。

（4）要加快提升港口发展水平，降低港口对城市发展的负面影响

沿海港口城市要优化城市交通和港口集疏运体系，促进港口集疏运通道和城市道路的分离，尽量减少港口运输给城市交通带来的压力，港口集疏运通道尽量规划在城市外环，不进入城市中心地区，尤其是上下班通勤等高峰时段，探索对进入城市交通的港口集疏运车辆收取一定的道路通行费和拥堵附加费。贯彻落实“碳中和、碳达峰”等国家战略要求，充分发挥水路运输成本低、安全绿色等比较优势，引导公路运输货物向水路、铁路运输转移，减少公路集疏运进出港车辆。统筹新港区开发与老港区改造，布局在城市中心地区的老港区要逐步退出货运功能，将货运码头岸线调整为客运、旅游或城市景观岸线，满足人民群众对亲水岸线的需求。沿海港口要加大船舶和港口污染防治力度，对既有码头环保设施进行升级改造，加快推进港口船舶污染物接收、转运、处置设施建设，做好和城市公共环境卫生设施的衔接，降低港口对城市大气、水等资源的污染水平。

（5）加快完善基于增加值改进的我国沿海港口经济贡献计算方法

本书在理论和实操层面提出了适应我国沿海港口发展和管理实际的港口经济贡献计算方法和统计分析体系。通过交通运输部等政府部门授权的方式，本书作者所在团队近年来对我国主要沿海港口经济贡献进行了实证分析，计算和分析结果也得到了相关港口行政管理部门和港口企业的初步认可。下一步，需要进一步将本书研究成果总结提炼成行业文件或标准，形成一套标准的我国沿海港口经济贡献计算和分析方法，向我国沿海港口全面复制推广。同时，加强对沿海港口行政管理部门和港口企业的培训，确保各港口在数据报送过程中口径一致，报送数据后续可进行对比分析。进一步加强与国家统计局的沟通，尽快将港口增加值统计指标正式纳入国家统计局对交

通运输行业的法定统计体系。同时，探索将就业、税收和拉动投资等指标纳入国家统计局法定统计的可行性。

7.3 研究展望

本书从我国沿海港口及港口城市发展面临的现实问题出发，对我国沿海港口与港口城市的关系、我国沿海港口对城市经济贡献的定量计算和分析，以及如何提升我国沿海港口对城市经济贡献的水平等行业热点和难点问题进行了深入研究，无论是从理论还是从行业实践的角度都进行了一些有益的探索和研究，但限于时间和篇幅等原因，仍有一些后续工作可以值得进一步深入探索和研究：

第一，由于我国沿海港口与港口城市的快速发展，我国沿海港口与所在城市的关系每年都有变化，每隔几年甚至有很大的调整。本书研究的内容属于紧跟港口及港口城市发展的话题，建议每年甚至每隔几年都能对该问题进行深入研究，对相关定量分析数据进行定期更新和分析，得出能够指导我国沿海港口与所在城市深度协调发展的措施建议，指导我国沿海港口与港口城市的高质量发展。

第二，随着我国沿海港口资源整合的不断推进，港口与城市的外延都在不断扩大，港口和城市逐渐演变为港口群和城市群。本书研究聚焦如何增进我国沿海港口对港口城市经济贡献的水平，未来可以进一步深入研究港口与城市群、港口群与城市以及港口群与城市群之间的关系，以及如何在当前港口资源整合不断推进的情况下，提升港口群对城市（群）的经济贡献。

第三，国外对港口经济贡献的研究历史悠久，并且每年都定期发布港口对城市经济贡献、带动投资、拉动就业、创造税收等指标，增进政府部门和社会公众对港口发展重要性的认识。本书重点研究了港口经济贡献这一关键核心指标，对投资、就业及税收等指标由于国内统计数据更难以支撑，本书并未开展深入研究，以后有机会可以就上述指标进行深入研究和对标分析。

参考文献

[1] Angelopoulos, J., Vitsounis. T., Paflioti, P., Chlomoudis. C.,and Tsmourgelis, I. Reflecting economic activity through ports: The case of Australia[J]. Maritime Transport Research, 2021(2):100021.

[2] Bart W. Wiegmans, Erik Louw. Changing port-city relations at Amsterdam: A new phase at the interface?[J]. Journal of Transport Geography, 2011,19(4): 575-583.

[3] Bird.J. The Major Seaports of the United Kingdom[M]. London: Hutchinson, 1963.

[4] Bird J. Seaports and seaport terminals[M]. London: Hutchinson University Library, 1971:129-132.

[5] Booz-Allen, Hamilton Inc. Economic Impact Assessment of the Port of Tacoma[R]. Tacoma Port Authority, Florida, 1979.

[6] Bottasso A, Conti M, Ferrari C, Merk O, Tei A. The Impact of Port Throughput on Local Employment: Evidence from a Panel of European Regions. Transp[J]. Policy, 2013(27):32-38.

[7] Carpenter, A., Lozano, R., Sammalisto, K., Astner, L. Securing a port's future through Circular Economy: Experiences from the Port of Gävle in contributing to sustainability[J].Marine pollution bulletin, 2018(128):539-547.

[8] Chang, Y., Shin, S., Lee, P.Economic impact of port sectors on South African economy: An input - output analysis[J]. Transport policy, 2014(35):333-340.

[9] Cheng, Bin.Promotive Effect of Port Trade on the International Economy Considering the Effect of Industrial Clusters Journal of coastal research[J]. 2020(106):221-224.

[10] Chenjin Wang, Cesar Ducruet. New port development and global city making: emergence of the Shanghai – Yangshan multilayered gateway hub[J]. Journal of Transport Geography, 2012(25):58–69.

[11] Cheung S, Yip TL. Port City Factors and Port Production: Analysis of Chinese Ports[J]. Transportation Journal, 2011, 50(2):162–175.

[12] Cong Longze, Zhang Dong, Wang Mingli, Xu Hongfeng, Li Li. The role of ports in the economic development of port cities: Panel evidence from China[J]. Transport policy, 2020(90):13–21.

[13] Cui Qiang, Kuang Hai–bo. Wu Chun–you, et al. Dynamic formation mechanism of airport competitiveness: The Case of China[J]. Transportation Research Part A, 2013(47):10–18.

[14] Davis, H C. Regional Port Impact Studies: A Critique and Suggested Methodology[J]. Transportation Journal, 1983.

[15] Delaware River Port Authority. The Value of a Ton of Cargo to the Area Economy[R]. PhilaePhia Port Area. PhiladePhia, 1953.

[16] Deng, P., Lu, S., Xiao, H.Evaluation of the relevance measure betweenportsand regional economy using structural equation modeling[J].Transport policy, 2013(27):123–133.

[17] DesalvoJ S. Measuring the Direct Impacts of a Port[J]. Transportation Journal, 1994,33(4):33–42.

[18] Ducruet.C. & LEE.S.W. Frontline soldiers of globalisation Port–city evolution and regional competition[J]. GeoJournal, 2006,67(2):107–122.

[19] Edgars, K., Ivars, K. & Jānis, K., Cluster Approach As One of Determinants for Increasing Competitiveness of Riga Freeport[J]. EKONOMIKA, 2011(2):88–100.

[20] Elentably, Akram.Simulation of a Container Terminal and it' s Reflect on Port Economy[J].TransNav(Gdynia, Poland), 2016(2):331–337.

[21] Fleming, D.K. & Hayuth.Y.. Spatial characteristics of transportation hubs : centrality and intermediacy[J]. Journal of Transport Geography, 1994(2):3–18.

[22] Fujita M, Mori T. The role of ports in the making of major cities: Self-agglomeration and hub–effect[J]. Journal of Development Economics, 1996,49(1): 93–120.

[23] Gilbert R. Yochum, Vinod B. Agarwal. Economic Impact of a port on a Regionla Economy: Note[J]. Growth and Change. 1987:79–81.

[24] GuoDezhi, HuPreng–Nien, LiFeifan, Wang Hanchen, ChenGuowei.An Empirical Study on the Impact of Seaports on Urban Economic Development Based on VAR Model: The Case of Shenzhen and Shenzhen Port in the Context of Industrial Transfer[J]. Journal of coastal research, 2020(1):204–208.

[25] Guo J, Qin Y, Du X, et al. Dynamic measurements and mechanisms of coastal port–city relationships based on the DCI model: Empirical evidence from China[J]. Cities, 2020(96):102440.

[26] Haezendonck E.Essays on Strategy Analysis for Seaports[J]. International Journal of Maritime Economics, 2001, 4(2) :185–187.

[27] Heijman W, Gardebroek C and Van Os W. The impact of world trade on the port of Rotterdam and the wider region of Rotterdam–Rijnmond[J]. Case Studies on Transport Policy, 2017, 5(2):351–354.

[28] Hoyle.B.S. The port–city interface: trends, problems and examples[J]. Geoforum, 1989(20):429–435.

[29] Jiahui Sun, Siqin Yu. Research on Relationship between Port Logistics and Economic Growth Based on VAR: A Case of Shanghai[J]. American Journal of Industrial and Business Management, 2019(9):1557–1567.

[30] JiangYonglei, LuJing, LiJing, WangLu.Dynamic impacts of Harbor Tolls Policy on China'sport economy–The case of ZhanjiangPort[J]. Research in

transportation economics, 2017(61):37–43.

[31] Jung Bong–min. Economic Contribution of Ports to the Local Economic in Korea[R]. International Conference of Asian Journal of Shipping and Logistics held at Seoul, 2011:1–30.

[32] JunWang Ki, LeeMin–Kyu, ChoiJae Young.Impact of the smart port industry on the Korean national economy using input–output analysis[J]. Transportation research. Part A, Policy and practice, 2018(118):480–493.

[33] Kovačič Lukman Rebeka, BrglezKristijan, KrajncDamjan. A Conceptual Model for Measuring a Circular Economy of Seaports: A Case Study on Antwerp and Koper Ports[J].Sustainability(Basel, Switzerland), 2022(6):3467.

[34] Langen D. The Performance of Seaport Clusters: A Framework to Analyze Cluster Performance and an Application to the Seaport Clusters of Durban, Rotterdam and the Lower Mississippi[J]. Erasmus University Rotterdam, 2004.

[35] LiXinwu, LiGuo. Research on the Driving Force of the Regional Economy to the Development of Ocean Port Shipping Based on Multiple Regression Analysis[J]. Journal of coastal research, 2020(111):168–217.

[36] LiXinyu, ZhangYongqing, CaoYang.Impact of Port Trade on Regional Economic Development Based on System Dynamics[J]. Journal of coastal research, 2020(110):38–42.

[37] Liu Yan Feng, Chong Bae LEE, Guan Qiu QI, Kum Fai YUEN, Miao SU. Relationship Between Dry Ports and Regional Economy: Evidence from Yangtze River Economic Belt.[J]. The Journal of Asian Finance, Economics, and Business, 2021(5):345–354.

[38] Lugt L, Rodrigues S B, Berg R. Co–evolution of the Strategic Reorientation of Port Actors: Insights from the Port of Rotterdam and the Port of Barcelona[J]. Journal of Transport Geography, 2014(41):197–209.

[39] Mlambo, Courage.The Impact of Port Performance on Trade: The Case of

Selected African States[J].Economies, 2021(4):135.

[40] New York Shipping Association.2020 Report on the Economic Value of the New York-New Jersey Port Industry[R]. 2021.

[41] Ng, Adolf K. Y., Cetin, Ismail B.Locational Characteristics of Dry Ports in Developing Economies: Some Lessons from Northern India[J].Regional studies, 2012(6):757-773.

[42] Notteboom T E. Port regionalization: Towards a new phase in port development[J]. Maritime Policy & Management, 2005, 32(3): 297-313.

[43] Oliver D, Slack B. Rethinking the Port[J]. Environment and Planning A, 2006(38):1409-1427.

[44] ParkJin Suk, SeoYoung-Joon. The impact of seaports on the regional economies in South Korea: Panel evidence from the augmented Solow model[J]. Transportation research. Part E, Logistics and transportation review, 2016(85): 107-119.

[45] Peng, Chaolin.The Analysis of Port Economy Driving the Development of Regional Economy Based on Regional Big Data Analysis[J]. Journal of coastal research, 2020(108):226-229.

[46] Roberts, Toby, Ian Williams, John Preston, Nick Clarke, Melinda Odum, Stefanie O'Gorman. A Virtuous Circle? Increasing Local Benefits from Ports by Adopting Circular Economy Principles[J]. Sustainability(Basel, Switzerland), 2021 (13):7079.

[47] ShanJun, YuMingzhu, LeeChung-Yee.An empirical investigation of the seaport's economic impact: Evidence from major ports in China[J].Transportation research. Part E, Logistics and transportation review, 2014(69):41-53.

[48] Slack B. International Transportation in North America and the Development of Inland Load Centers [J]. Professional Geographer, 1990,42(1):72-83.

[49] Syabri, Ibnu., Widyanarko, Pritta Andrani.Economic Contribution of

Regional FeederPorts to The Local Economy In Indonesia[J].Teknik, 2017(1): 6–12.

[50] Taaffe.E.J, Morrill.R.L.& Gould.P.R. Transport expansion in underdeveloped countries: a comparative analysis[J].Geographical Review, 1963(53):503–529.

[51] Tom A. Daamen, Isabelle Vries. Governing the European port–city interface: institutional impact on spatial project between city and port[J]. Journal of Transport Geography. 2013(27):4–13.

[52] UNCTAD.Development and Improvement of Ports: The principles of modern port management and organization[R].1992.

[53] UNCTAD.PORTS NEWSLETTER N19[R].1999.

[54] Vallega A. Fonctions portuaires et polarisations littorales dans la nouvelle régionalisation de la Méditerranée, quelques réflexions[Z]. The 2nd French–Japanese Geographical Colloquium, Tokyo, 1979: 44–48.

[55] Vigarie.The Challenge of Peripheral Ports:a European Perspective[J]. Geojournal, 1978(56):159–166.

[56] WangJinjun, Zhiren Ma. Port Logistics Cluster Effect and Coordinated Development of Port Economy Based on Grey Relational Analysis Model[J]. Journal of Coastal Research, 2019(94):717–721.

[57] WangRui, TanQingmei.Dynamic Model of Port Throughput's Influence on RegionalEconomy[J]. Journal of coastal research, 2019(93):811–816.

[58] WangYixuan,WangNuo.The role of the port industry in China's national economy: An input – output analysis[J]. Transport policy, 2019(78):1–7.

[59] YIN Xiangyu, ZHU Heliang, QU Minghui.Research on the Development of the Coordination Degree of Coastal Port and City in China[J].2021 5th International Conference on Traffic Engineering and Transportation System, 2021. (9).

[60] YOCHUMGILBERT R, AGARWALVINOD B.Economic Impact of a Port on a Regional Economy: Note[J].Growth and change, 1987(3):74–87.

[61] ZhaAnping, TuJianjun, JanNaeem. Research on the Prediction of Port Economic Synergy Development Trend Based on Deep Neural Networks[J]. Journal of mathematics(Hidawi), 2022(2022):1-9.

[62]毕森.21 世纪海上丝绸之路沿线港口及港城关系变化分析[J].中国科学院大学学报, 2020(1):74-82.

[63] 曹宇,王承宏.基于创新驱动的港城经济演化实证研究[J].商业经济研究, 2018(1):153-155.

[64] 陈航,栾维新,王跃伟.港城关系理论探讨的新视角[J].特区经济, 2007(12):283-284.

[65] 陈航,栾维新,王跃伟.基于聚类分析的我国港口城市类型化研究[J].水运工程,2008(8):66-70.

[66] 陈航,栾维新,王跃伟.我国港口功能与城市功能关系的定量分析[J].地理研究, 2009,28(2):475-483.

[67] 陈洪波.科学发展观与现代化港口城市建设[M].北京:经济科学出版社, 2010:69.

[68] 陈红娟,孙桂平.港口与城市经济协调发展水平评价：以秦皇岛市为例[J].国土与自然资源研究, 2009(4):15-16.

[69] 陈琳娜.半参数面板数据模型：理论及其应用[D].厦门大学,2013.

[70] 陈岩.论第五代港口[J]. 集体经济, 2009(21):114.

[71] 陈艳,吕云翔,谢亚雯.基于系统动力学的港城耦合系统可持续发展研究：以青岛港为例[J].中国储运, 2019(4):113-120.

[72] 陈至立.辞海（第七版）[M].上海:上海辞书出版社, 2020.

[73] 陈贻龙.运输经济学[M].北京:人民交通出版社, 1999.

[74] 陈振春,谢凌峰.基于第五代港口特征的深圳港高质量发展分析[J].水利经济, 2021(4):24-27.

[75] 单敏,宁涛,孙俊岩,贾大山.关于港口经济与港口经济贡献的认识[J].水运科学研究所学报, 2003(4):20-22.

[76] 邓雨婷.深圳市经济增长、劳动投入与资本投入关系研究——基于柯布道格拉斯生产函数[J]. 全国流通经济, 2018(29):62-63.

[77] 邓昭,李振福,郭建科,周玉涛.中国港口地理学研究进展与展望[J].地理科学, 2021(4):606-614.

[78] 董洁霜,范炳全.国外港口区位相关研究理论回顾与评价[J].城市规划, 2006, 30(2): 83-88.

[79] 董晓菲,王荣成,韩增林.大连港—辽宁腹地系统关联特性空间演化分析[J].地域研究与开发, 2010(12):29-33.

[80] 杜明军.大连港建设第五代物联网智慧港口发展模式研究[D].大连:大连海事大学, 2014.

[81] 范厚明,李艳滨,温文华,马梦知.考虑土地资源占用的港口与城市经济互动发展系统仿真：以深圳市为例[J].资源科学, 2015,37(2):398-407.

[82] 范厚明,马梦知,温文华,屈莉莉.港城协同度与城市经济增长关系研究[J].中国软科学, 2015(9):96-105.

[83] 高琴,陈涛焘,单文胜.港城互动关系评价模型研究[J].水运工程, 2009(11):65-69.

[84] 高涛,高金敏,曲林迟.基于 DEA 和偏相关分析的港城发展关联效应[J].中国航海, 2017,40(2):129-134.

[85] 顾亚竹.港口产业集群之理论探讨[J].物流科技, 2006(12):115-117.

[86] 郭建科,韩增林.港口与城市空间联系研究回顾与展望[J].地理科学进展, 2010,29(12):1490-1498.

[87] 郭建科,韩增林.中国海港城市“港-城空间系统”演化理论与实证[J].地理科学, 2013,33(11):1285-1292.

[88] 郭建科,杜小飞,孙才志,王泽宇.环渤海地区港口与城市关系的动态测度及驱动模式研究[J].地理研究, 2015(4):740-750.

[89] 郭建科,谷月,赵敬尧,刘天宝.环渤海地区港城耦合协调度综合分析[J].资源开发与市场, 2017,33(5):569-574.

[90] 郭建科,秦娅风,董梦如.基于流动要素的沿海港—城网络体系空间重构[J].经济地理, 2021,41(9) :59–68.

[91] 郭秀娟.基于投入产出模型的区域内多港口经济贡献测算[J].港工技术, 2010,47(1):25–29.

[92] 郭振峰,范厚明,崔文罡,李艳滨.港城互动构建绿色低碳港口城市系统仿真[J].生态经济, 2016(6):98–102.

[93] 国务院发展研究中心资环所课题组.港口产业集群化的国际经验及启示[J].中国发展观察, 2017(12):58–61.

[94] 海德俊,王玉,段征宇,杨东援.特大港口城市的港城矛盾及疏港模式分析[J].综合运输, 2019,41(4):108–114.

[95] 何小明,王薇.投入–产出模型在港口对地区经济贡献研究中的应用[J].水运管理.2005,27(3):16–18.

[96] 郇恒飞,焦华富,汪志.连云港市港口—城市协调关系的演进研究[J].经济地理, 2011,31(11):1828–1833.

[97] 黄盛璋.中国港市之发展[J].地理学报,1951(Z1):21–40.

[98] 纪玉俊,刘琳婧.港口物流产业集群与沿海区域经济的互动发展关系研究[J].中国渔业经济, 2013(4):78–85.

[99] 贾大山.战略框架阶段我国港口对城市经济发展的作用[J].中国港口, 2006(4):30–31.

[100] 贾大山,蔡鹏."十四五"时期我国港口集装箱运输发展趋势及建议[J].集装箱化, 2020(11):1–5.

[101] 贾大山,纪永波.内河优势战略[M].北京:人民交通出版社, 2015.

[102] 姜超雁,雷池玥.港口的城市经济贡献估计[J].对外经贸, 2012(4):55–57.

[103] 姜超雁,真虹.港口经济贡献的投入产出乘数模型[J].中国航海, 2012,35(4):100–103.

[104] 姜超雁,真虹.多年时滞港口经济贡献动态投入产出模型[J].交通运

输系统工程与信息, 2013,13(1):163–168.

[105] 姜丽丽,王士君,刘志虹.港口与城市规模关系的评价与比较：以辽宁省港口城市为例[J].地理科学, 2011,31(12):1468–1473.

[106] 杰弗里·M.·伍德里奇.计量经济学导论:现代观点(第五版）[M].北京:中国人民大学出版社,2015.

[107] 景平.基于投入产出法的就业贡献模型及实证研究[J].统计与决策, 2005(5):16–17.

[108] 匡海波,邓顺江,贾鹏,刘天寿,汤霞.基于港城分离的中国港口供给侧改革研究[J].科研管理, 2017,38(4):54–64.

[109] 李红霞,傅强.中国省际要素投入与经济增长研究：基于总量生产函数的面板数据分析[J].北京理工大学学报（社会科学版）, 2013,15(2):48–52.

[110] 李健.港口发展对区域经济的贡献分析：基于江苏省沿海三市港口的比较[J].资源开发与市场, 2017(6):695–698.

[111] 李南,沈兆楠,常文千.基于改进 RCI 指数的河北省港口城市定位研究[J].产业创新研究,2022(2):12–15.

[112] 李文荣.河北省临港产业发展策略探讨[J].港口经济, 2007(3):36–38.

[113] 李翔,常江,马杰,李照宇.欧洲重要港口“港产城”融合发展研究[J].中国港口, 2021(10):27–30.

[114] 李兴湖.国内外港口整合实践与福建港口一体化发展研究[J].亚太经济, 2021(3):122–128.

[115] 李学林,李晶.经济增长理论中的生产函数设定及其在我国的应用[J].经济经纬,2012(3):1–6.

[116] 刘志强,宋炳良.港口与产业集群[J].上海海事大学学报, 2004(6):22–26.

[117] 吕荣胜,袁艺.港口产业集群对区域经济的带动效应[J].大连海事大学学报（社会科学版）, 2006(3):47–50.

[118] 迈克尔·波特.竞争论[M].北京:中信出版社, 2009.

[119] 梁浩,龚维科,李宏军等.连云港绿色城市建设和产业转型升级研究[J].建设科技, 2021(10):30-33.

[120] 梁红艳,王健.福建省港口与经济发展互动关系研究[J].东南学术, 2012(4):72-83.

[121] 梁双波,曹有挥,曹卫东,何调霞.港城关联发展的生命周期模式研究：以南京港城关联发展为例[J].人文地理, 2009(5):66-70.

[122] 林木西,黄泰岩.国民经济学（第三版）[M].北京:经济科学出版社, 2018.

[123] 林振杰.港口物流与腹地经济的互动关系与协调发展研究[J].商展经济,2021(23):20-22.

[124] 刘秉镰.港城关系机理分析[J].港口经济论坛, 2002(3):12-14.

[125] 刘波.港-城经济互动关系研究进展述评[J].盐城师范学院学报（人文社会科学版）, 2009(6):28-32.

[126] 刘恩梅,李南.河北省港口经济与城市经济耦合发展关系研究[J].产业创新研究，2021,11(21):20-23.

[127] 刘润喆,吴玲.宁波港口与城市经济互动发展的实证分析[J].宁波工程学院学报,2021,33(3):57-63.

[128] 刘曙华,沈玉芳.产业群，城市群和港口群协同发展的国际经验[J].创新, 2012(3):63-67+127.

[129] 龙莹,张世银.动态面板数据模型的理论和应用研究综述[J].科技与管理,2010,12(2):30-34.

[130] 鲁渤,邱伟权,邢戬,文一景.基于“一带一路”倡议评估的中国沿海节点港口与港城发展策略研究[J].系统工程理论与实践，2020,40(6):1627-1639.

[131] 罗萍.我国港口经济与临港产业集群的发展趋势[J].综合运输, 2010(12):4-7.

[132] 罗永华.中国城镇化与港口物流协调发展的机理与路径选择[J].重

庆交通大学学报（社会科学版）, 2015,15(2):21–25.

[133] 吕云翔,谢亚雯.基于系统动力学的港城耦合系统可持续发展研究：以青岛港为例[J].中国储运, 2019(4):113–120.

[134] 宁涛.港口经济影响研究[D].大连海事大学, 2003(3):14–16.

[135] 宁涛,孙俊岩,单敏,贾大山.港口经济贡献的测算方法探讨[J].水运科学研究所学报, 2004(4):1–4.

[136] 潘婧,杨山,沈芳艳.基于系统动力学的港城耦合系统模型构建及仿真：以连云港为例[J].系统工程理论与实践, 2012,32(11):2439–2446.

[137] 潘玉慧,温艳萍.港城关系研究综述[J].中国农学通报, 2014,30(11):57–61.

[138] 皮天雷.面板数据建模中存在的问题、对策及最新进展[J].统计与决策,2009(23):4–6.

[139] 全国人民代表大会常务委员会.中华人民共和国港口法[M].北京:中国法制出版社, 2003.

[140] 任晓.港口产业集群研究述评[J].港口经济, 2013(7):14–18.

[141] 任泽平,董超,陈宏.凯恩斯乘数模型与投入产出乘数模型的比较研究[J].兰州学刊, 2006(6):118–119.

[142] 赛迪顾问.2020 先进制造业城市发展指数[R].2020.

[143] 上海国际航运信息研究中心.上海航运业及相关产业对上海经济贡献统计指标体系研究[J].水运管理, 1999(10):21–25.

[144] 上海国际航运研究中心.2020 年全球港口发展报告[R].2021.

[145] 上海市人民政府新闻办公室,上海市统计局.2021 上海概览[R].上海:上海人民出版社,2021.07.

[146] 邵桂兰,孙远胜.港口建设与沿海城市经济发展互动关系的计量分析：基于协整理论和格兰杰检验并以青岛市为例[J].中国渔业经济, 2010(2):131–138.

[147] 申勇锋,王志民,何小明.基于投入产出模型的港口经济贡献度研究

[J].水运工程, 2014(2):146–150.

[148] 宋炳良.论上海港口全部经济贡献的评估[J].上海海运学院学报, 2001,22(4):26–29.

[149] 宋炳良,德兰根.港口经济、政策与管理[M].上海:格致出版社, 2009.

[150] 宋儒鑫,石哲羽,李亚茹."十四五"时期基于 VAR 模型对连云港港城发展的短期动态分析[J].大陆桥视野, 2021(12):32–35.

[151] 苏永生.沿海港口经济贡献定量分析方法探讨：以上海港为例[D].天津大学,2007.

[152] 孙佳会.长三角港口群–城市群复合系统协同发展研究[D].上海海事大学, 2021.

[153] 孙建平,李振福,李勇,张小龙.中国港口业与腹地经济协同机制面板数据分析[J].经济地理, 2018,38(3):120–128.

[154] 孙建平,李振福,匡海波.1994—2014 年中国港口业与沿海区域经济增长的重心移动轨迹和时空差异分析[J].管理评论, 2021,33(12):52–59.

[155] 孙俊岩,单敏,贾大山,宁涛.浅析港口经济贡献的比较[J].中国港口, 2004(2):26–27.

[156] 汤长安,邱佳炜,张丽家,李红燕.要素流动、产业协同集聚对区域经济增长影响的空间计量分析：以制造业与生产性服务业为例[J].经济地理, 2021,41(7):146–154.

[157] 唐宋元.港城关系演变特点及对港口城市发展的启示[J].商业时代, 2013(04):142–143.

[158] 王斌.关于港口增加值测算方法的探讨[J].港口经济,2015(10):05–06.

[159] 王洪清,祁春节,刘欢.港口对腹地经济贡献弹性的 U 型曲线及其理论解释[J].地域研究与开发, 2013,32(2):22–26.

[160] 王辑宪.中国港口城市的互动与发展[M].南京:东南大学出版社, 2010.

[161] 王姣娥, 陈娱,戴特奇等.中国交通地理学的传承发展与创新[J].经

济地理,2021,41(10):59–69.

[162] 王景敏,隋博文.沿海后发地区港口物流对经济增长的贡献度研究：以广西北部湾经济区为例[J].特区经济, 2012(6):190–192.

[163] 王健,黄凯.产业结构、经济增长与港口物流发展关联研究：以福建省为例[J].大连海事大学学报（社会科学版）,2021,20(2):78–87.

[164] 王选飞,林仲豪,梁珊.粤港澳大湾区港口整合背景下广州与深圳港城关系发展评价[J].物流技术, 2020(12):9–13.

[165] 王选飞,林仲豪,梁珊.粤港澳大湾区港城关系发展评价[J].统计与决策, 2020(24):184–188.

[166] 吴阿蒙,王娟.秦皇岛市港城发展中的政府行为研究[J].管理观察, 2008(10):12–13.

[167] 吴传钧,高小真.海港城市的成长模式[J].地理研究, 1989,8(4):9–15.

[168] 吴国付,程蓉.港口对地区经济贡献度研究[J].武汉理工大学学报（交通科学与工程版）, 2006,30(3):535–538.

[169] 吴剑新.自贸区背景下福州港城经济联动分析及协同发展研究[J].铁路采购与物流, 2021(9):59–61.

[170] 吴晓磊,刘健,王嘉琦.港产城融合发展关键问题研究[J].水运工程, 2022(2):70–75.

[171] 席平.第五代港口：联营合作子母港[J].大陆桥视野, 2009(6): 39–43.

[172] 谢卫奇.港口经济影响研究文献综述[J].商业时代, 2010(5):142–143.

[173] 新华社中国经济信息社,波罗的海交易所.2021 新华·波罗的海国际航运中心发展指数报告[R].2021.

[174] 新华社中国经济信息社,交通运输部水运科学研究院.世界一流港口综合评价报告 2021[R].2021.

[175] 许继琴.港口城市成长的理论与实证探讨[J].地域研究与开发, 1997(4):12–15.

[176] 许峥嵘,杜佩.港口经济与临港区域经济关系的实证研究[J].科技进

步与对策, 2012,29(23):39-43.

[177] 徐维详,许言庆.我国沿海港口综合实力评价与主要港口腹地空间的演变[J]. 经济地理, 2018,38(5):26-35.

[178] 徐永健,阎小培,许学强.西方现代港口与城市、区域发展研究述评[J]. 人文地理, 2001, 16(4): 28-33.

[179] 杨家其,王二冬.基于产业集群的港口经济发展模式分析[J].港口经济, 2010(5):9-11.

[180] 阳立军.港口经济学概论[M].北京:中国海洋出版社, 2018.

[181] 杨山, 潘婧, 季增民.耗散结构视角下连云港港城系统演进机理及规律研究[J].地理科学, 2011,31(7):781-787.

[182] 杨吾杨,梁进社.高等经济地理学[M].北京:北京大学出版社, 2000.

[183] 叶宜丹.基于投入产出和环境分析的港口贡献度评估[J].中国外资, 2013(10):121-122.

[184] 殷翔宇,祝合良,韩京伟.我国沿海港口增加值统计与核算方法研究[J].统计与决策, 2021,37(24):10-14.

[185] 殷翔宇, 祝合良, 曲明辉.我国沿海港口港城关系发展及对城市经济增长作用研究[J].地理科学,2022,42(6):984-992.

[186] 尹伟华. “十四五”时期我国产业结构变动特征及趋势展望[J].中国物价, 2021(9):3-6.

[187] 于子晴,曹小曙,柳婕妤.1990—2010 年中国主要港口与港城发展及其关联度特征研究[J].现代城市研究, 2014(5):116-120.

[188] 翟津怡,李永辉,张兴东.辽宁港口集团成立前后港口运营效率比较[J].水运管理, 2021,43(12):9-12.

[189] 张国桥,董旭.港城关系发展阶段及协调程度分析：以连云港为例[J].港口经济, 2010(10):29-33.

[190] 张蒙.港口繁荣与区域经济发展的关系研究：基于面板向量自回归模型的实证分析[J].调研世界,2021(9):58-64.

[191] 张萍,严以新,许长新.区域港城系统演化的动力机制分析[J].水运工程, 2006,2(2):48–51.

[192] 张学良.中国交通基础设施促进了区域经济增长吗：兼论交通基础设施的空间溢出效应[J].中国社会科学,2012(3):60–77+206.

[193] 张月波. 柯布–道格拉斯生产函数的改进和应用研究[J].中国外资,2014(3):111–112.

[194] 赵黎明,肖丽丽.基于系统动力学的港口对区域经济发展的影响研究[J].重庆理工大学学报（自然科学）,2014(7):116–122.

[195] 赵伟娜,王诺.港口对城市的绿色经济贡献率[J].水运管理,2007,29(10):10–12.

[196] 赵亚洲,覃凤练.基于相对集中指数的北部湾港城关系发展研究[J].对外经贸, 2020(8):56–59.

[197] 真虹.港口管理[M].北京:人民交通出版社, 2009:34–37.

[198] 郑建平,胡永仕.基于时间序列网络相似度模型的港城协同时滞效应研究[J].物流科技, 2021(10):12–18.

[199] 郑研研.脉冲响应函数理论及其在宏观经济中的应用[D].南开大学,2010.

[200] 钟昌标,林炳耀.一种港口社会效益定量分析方法的探讨：以宁波港为例[J].经济地理, 2000(5):70–73.

[201] 钟铭,李娜,刘建纯.日本促进临港产业发展的政策与经验[J].现代日本经济, 2008(4):51–54.

[202] 钟铭,吴艳云,栾维新.港口物流与城市经济协同度模型[J].大连海事大学学报, 2011,37(1):80–82.

[203] 周井娟.港城关系的演进规律及发展阶段判定：基于沿海八大港口城市的面板数据[J].长春理工大学学报（社会科学版）, 2014,27(9):88–93.

[204] 朱传耿,刘波,李志江.港口–腹地关联性测度及驱动要素研究：以连云港港口—淮海经济区为例[J].地理研究, 2009,28(3):716–725.

[205] 朱吉双.世界一流港口经济贡献测算比较研究[J].综合运输,2020,42(5):49-55.

[206] 朱善庆,吴晓磊,刘健等.“多规合一”背景下临港经济区规划探索[J].水运工程,2016(10):28-33,45.

[207] 庄佩君,汪宇明.港-城界面的演变及其空间机理[J].地理研究,2010(6):1105-1116.

[208] 子之兰.大连港口产业集群发展研究[D].大连海事大学,2012.

附 录

附录 A 投入产出表中与港口相关部门

部门代码	部门名称	部门代码	部门名称
34067	锅炉及原动设备	53107	铁路旅客运输
34068	金属加工机械	53108	铁路货物运输和运输辅助活动
34069	物料搬运设备	54109	城市公共交通及公路客运
34070	泵、阀门、压缩机及类似机械	54110	道路货物运输和运输辅助活动
34072a	烘炉、风机、包装等设备	55111	水上旅客运输
34072b	其他通用设备	55112	水上货物运输和运输辅助活动
35073	采矿、冶金、建筑专用设备	56113	航空旅客运输
36077	汽车整车	56114	航空货物运输和运输辅助活动
36078	汽车零部件及配件	57115	管道运输
37079	铁路运输和城市轨道交通设备	58116	多式联运和运输代理
37080	船舶及相关装置	59117	装卸搬运和仓储
37081	其他交通运输设备	61119	住宿
38082	电机	62120	餐饮
38083	输配电及控制设备	68128	保险
38087	其他电气机械和器材	71130	租赁
47101a	住宅房屋建筑	72131	商务服务
48102a	铁路、道路、隧道和桥梁工程建筑	74133	专业技术服务
48102b	其他土木工程建筑	83140	教育
49103	建筑安装	91149	公共管理和社会组织

资料来源：国家统计局投入产出表统计

附录 B　我国沿海港口增加值统计调查方案

统计数据是进行我国沿海港口增加值计算和分析的基础，根据对我国沿海港口经济活动分类和港口增加值核算方法的分析，结合我国沿海港口发展和管理实际，在港口增加值统计指标尚未正式纳入国家统计局对交通运输行业的法定统计之前，确定我国沿海港口增加值统计调查方案如下：

一、调查对象确定

按照在地统计原则，港口增加值核算范围内符合财务独立核算要求的企业。通过填报企业基本情况表，建立港口增加值企业调查基本单位名录表。

二、调查方法选取

拟采取全面调查的方法，如果实际中存在困难，则采用选取典型企业进行调查，调查其有关的增加值情况，再推算放大到总体。对总体的总量仍需要进行收集，比如港口吞吐量、营业收入或劳动者报酬等。

三、调查内容确定

港口吞吐量、港口企业财务情况、港口企业就业情况、港口企业管理部门数据、集疏运情况、仓储服务行业数据、助航服务数据、鉴证服务数据、船舶维护行业数据、代理服务行业数据、劳务公司数据、港口公共管理部门就业数据、港口建设相关数据、物资供应相关数据、港口信息服务相关数据、港口保险服务相关数据、港口仲裁服务相关数据、其他临港工业相关数据等。

四、调查表格设计

从港口业主、港口辅助产业、港口公共管理、港口建设、港口衍生服务、临港产业六个方面设计调查表格（表 B.1 至表 B.6）。

（1）港口业主

表 B.1　港口装卸业财务及就业情况

项目	单位	相关数据
营业收入	千元	
固定资产折旧	千元	
生产税净额	千元	
营业盈余	千元	
劳动者报酬	元	
其中：外聘劳务应付报酬	元	
从业人员总人数	人	
其中：外聘劳务人数	人	

（2）港口辅助产业

表 B.2　港口辅助产业业务量及财务就业情况

指标	单位	相关数据
业务类型 A		
业务量		
业务量占全港比重	%	
业务类型 B		
业务量		
业务量占全港比重	%	
业务类型 C		
业务量		
业务量占全港比重	%	
营业收入	万元	

续表

指标	单位	相关数据
固定资产折旧	万元	
生产税净额	万元	
营业盈余	万元	
劳动者报酬	万元	
*外聘劳务应付报酬	万元	
从业人员总人数	人	
*外聘劳务人数	人	

注：1. 从事非码头装卸服务的企业根据业务类型填报本表；
2. 业务类型包括：港口集疏运、仓储、代理、报关、理货、拖轮、船供等；
3. 同一家公司经营多种业务请分开填写。

（3）港口公共管理

表 B.3　港口公共管理部门就业情况

部门	就业总人数（人）	人均报酬（万元/人年）
海关		
检验检疫		
边防		
公安		
海事管理		
港口行政管理		
口岸综合协调		
海事法院		
救助打捞		
合计		

（4）港口建设

表 B.4 港口建设投资情况

单位	码头建设投资额	配套建设投资额	航道建设投资额	码头建设设计费用	配套建设设计费用	航道建设设计费用
码头公司 1						
码头公司 2						
……						
码头公司 n						
合计						

（5）港口衍生服务

表 B.5 港口衍生服务情况

指标	业务额（万元）	就业总人数（人）	报酬总额（万元）
金融服务			
保险服务			
咨询服务			
培训服务			
法律服务			
仲裁公证服务			
港航信息服务			

（6）临港产业

表 B.6 临港产业相关情况

指标	增加值（万元）
港口所在最小行政区（或临港工业园区）总工业	
港口所在最小行政区（或临港工业园区）总贸易业	

作 者 小 传

殷翔宇，男，1988年9月生，汉族，江苏沭阳人，2006年8月进入大连海事大学旅游管理（邮轮方向）专业学习，获管理学学士学位；2010年8月保送至大连海事大学交通运输工程专业学习，获工程硕士学位；2017年8月进入首都经济贸易大学产业经济学专业学习，获经济学博士学位。现就职于交通运输部水运科学研究院，任经济政策与发展战略研究中心（法律研究中心）专委会主任、副研究员，担任 *International Journal of Transportation Engineering and Technology* 等期刊特约审稿人，兼任中国航海学会集装箱运输专业委员会委员、中国交通企业管理协会绿色智慧交通分会专家、贵港市产业创新智库专家、北部湾大学海洋发展研究中心专家委员会委员、海南省邮轮游艇协会专家委员会委员等。主要从事水运经济、政策、行业发展战略、产业经济等领域研究工作，先后支撑了国务院《关于促进海运业健康发展的若干意见》、交通运输部《关于推进港口转型升级的指导意见》《关于大力推进海运业高质量发展的指导意见》《关于推进长江经济带绿色航运发展的指导意见》等多份水运领域重要政策文件的出台。曾先后主持和参与交通运输部等省部级和大型港航企业科研项目80余项，在《地理科学》《人文地理》《统计与决策》《中国流通经济》《中国航海》等学术期刊和EI国际会议上公开发表学术论文40余篇，荣获中国知网学术精要高PCSI论文，参与编写《海南自由贸易港未来及全球定位》等多部行业著作。多次接受《经济日报》《中国交通报》《中国水运报》等行业权威媒体采访，多次受邀给地方政府、交通运输和港航行政管理部门、科研单位、高校和港航企业授课交流。所从事科技工作荣获中国航海学会科学技术奖一等奖、二等奖，中国港口协会科学技术奖一等奖、二等奖，中国水运建设行业协会水运交通优秀咨询成果二等奖，中国物流学会、中国物流与采购联合会优秀课题奖三等奖。